本书为安徽省优秀青年教师培育重点项目"数字赋能皖北文化传:
安徽省社会科学创新发展研究课题"数字赋能淮河流域非物质文化遗产资
皖北文化传播安徽省哲学社会科学重点实验室研究成果

U0677640

媒介融合
与地域文化传播研究

Research on Media Convergence and Regional Culture Communication

吴启祥 著

东北大学出版社
·沈 阳·

图书在版编目（CIP）数据

媒介融合与地域文化传播研究 / 吴启祥著 . -- 沈阳：
东北大学出版社，2024.7. -- ISBN 978-7-5517-3626-8

Ⅰ. G127

中国国家版本馆 CIP 数据核字第 2024ZK5355 号

出　版　者：东北大学出版社
　　　　　　地址：沈阳市和平区文化路三号巷 11 号
　　　　　　邮编：110819
　　　　　　电话：024-83683655（总编室）
　　　　　　　　　024-83687331（营销部）
　　　　　　网址：http://press.neu.edu.cn
印　刷　者：沈阳市第二市政建设工程公司印刷厂
发　行　者：东北大学出版社
幅面尺寸：170 mm × 240 mm
印　　张：12
字　　数：209 千字
出版时间：2024 年 7 月第 1 版
印刷时间：2024 年 7 月第 1 次印刷
责任编辑：刘　莹
责任校对：项　阳
封面设计：潘正一
责任出版：初　茗

ISBN 978-7-5517-3626-8　　　　　　　　　　定　价：68.00 元

前 言

在数字化、信息化的时代背景下，媒介融合已成为传媒领域发展的必然趋势，它极大地改变了传统媒体的格局和传播方式，为地域文化传播提供了新的机遇和挑战。地域文化，作为一定地域范围内各种自然因素和人文因素综合作用的结果，承载着丰富的历史、民俗和社会价值，是地方独特的精神财富和文化底蕴。如何在媒介融合的大背景下，有效地传播和弘扬地域文化，促进文化多样性和社会认同，是当前传媒和文化研究面临的重要课题。

《媒介融合与地域文化传播研究》一书正是基于这样的背景和需求而诞生的。它为安徽省优秀青年教师培育重点项目"数字赋能皖北文化传播创新研究"（YQZD2023092）、安徽省社会科学创新发展研究课题"数字赋能淮河流域非物质文化遗产资源传承创新研究"（2022CX546）成果，试图在媒介融合与地域文化传播的交叉领域中，探寻二者的内在联系和互动规律，以期为地域文化的有效传播和社会治理的创新提供理论支持和实践指导。

在本书撰写过程中，著者深入分析了媒介融合的定义、发展、类型与特点，以及地域文化的定义、传播途径和影响因素。著者认为，媒介融合通过整合不同媒介形态和传播渠道，能够打破地域限制，拓展地域文化的传播空间和影响力；而地域文化则以独特的魅力和价值，为媒介融合提供了丰富的内容和资源，二者相互促进，共同构成了多元、互动的文化传播生态。

在此基础上，本书进一步地探讨了媒介融合下的地域文化传播策略和实践。著者提出，要强化地域文化的传播意识，创新传播方式，提升传播效果，使地域文化在媒介融合的大潮中焕发出新的生机和活力。同时，本书还通过多个案例分析，具体展示了地方电视节目、社交媒体和跨媒体整合在地域文化传播中的实践成果和经验教训。

最后，本书对媒介融合与地域文化传播的未来发展进行了展望。我们相信，在科技的不断进步和社会的持续发展中，媒介融合与地域文化传播将迎来更加广阔的空间和更加美好的前景。我们期待更多的学者和实践者加入这一研究领域中来，共同推动地域文化的传承与创新，为构建人类命运共同体贡献智慧和力量。

本书的写作得到了各界专家和同人的大力支持与帮助，在此表示衷心的感谢。由于著者水平有限，本书中难免存在不足之处，恳请读者批评指正。

吴启祥

2024 年 3 月

目　录

第一章 媒介融合概述

第一节 媒介融合的定义与发展

媒介融合是一个涉及多维视角的概念，其提出始于 20 世纪 80 年代的美国。顾名思义，媒介融合就是将原先属于不同类型的媒介结合在一起。随着技术的不断进步和媒体环境的不断变化，媒介融合不断发展演变，为传媒产业带来新的机遇和挑战。

一、媒介融合的定义

媒介形态的融合是媒介融合进程中最为显著和直观的表现。它指的是原本各自独立、具有鲜明特征的不同媒介形态，在数字化和网络化推动下，逐渐打破彼此之间的界限，相互渗透、融合，最终形成一种全新的媒介形态。这种融合不仅改变了传统媒介的传播方式和内容形式，也深刻影响了受众的信息接收习惯和传播效果。

1. 媒介形态的融合

在传统媒介时代，报纸、杂志等印刷媒介与广播电视等电子媒介各自占据着不同的传播渠道和市场空间。它们之间的界限清晰，传播方式和内容形式也各具特色。例如，报纸主要通过文字和图片传递信息，具有便携性和可保存性的优势；电视通过声音和画面相结合的方式传播信息，具有直观性和生动性的特点。然而，随着数字技术和网络技术的不断发展，这些传统媒介形态之间的界限开始逐渐模糊。数字技术的广泛应用使得不同媒介形态的信息内容都可以转化为数字信号进行传输和处理。这使得原本各自独立的媒介形态得以在同一个数字化平台上实现整合和传播。例如，电子报纸的出现使得报纸的内容可以通过互联网进行实时更新和互动传播，同时保留了报纸原有的版面设计和阅读体验；网络电视打破了传统电视节目的线性播放模式，实现了节目的点播、回放和个性化推荐等功能。除了数字技术的推动外，受众需求的变化也是媒介形态融合的重要驱动力之一。随着信息社会的快速发展和人们生活节奏的加快，受众对于信息的需求越来越呈现出多样化、个性化和碎片化的特点。他们希望能够在任何时间、任何地点获取所需的信息和服务，而不再受限于特定媒介形态的传播方式和时间。这种需求变化促使不同媒介形态之间进行融合，以提供更加便捷、高效和个性化的信息传播服务。

媒介形态的融合产生了许多新型媒介形态，如电子报纸、网络电视、博客、微信公众号等。这些新型媒介形态不仅整合了传统媒介的传播优势，还融入了新的技术和功能，使得信息传播更加高效、互动和个性化。例如，微信公众号可以实现文字、图片、音频、视频等多种媒介元素的整合传播，同时可以与受众进行实时互动和数据分析，为传播者提供更加精准的用户画像和传播效果评估。

媒介形态的融合是媒介融合进程的重要组成部分。它打破了不同媒介形态之间的界限，推动了信息传播方式和内容形式的创新变革。随着技术的不断进步和受众需求的不断变化，我们可以预见未来还将出现更多新型媒介形态，它们将继续推动媒介融合向更深层次、更广领域发展。同时，媒介形态的融合也对传媒产业带来了深远的影响和挑战，传媒机构需要不断创新和变革，以适应新的传播环境和市场需求。

2. 传播技术的融合

传播技术的融合是实现媒介融合的关键所在。随着现代信息技术的飞速发展，特别是数字技术、网络技术、移动通信技术等领域的突破性进展，各种媒介之间的传播壁垒逐渐被打破。这些技术不仅改变了信息传播的方式和速度，而且为不同媒介形态的信息内容提供了一个共同的数字化平台，实现了信息的无缝连接和高效传播。

数字技术是实现传播技术融合的基础。它将文字、图片、音频、视频等所有信息都转化为二进制的数字信号，使得这些信息可以在计算机和互联网上进行统一的处理、存储和传输。这种数字化的处理方式不仅极大地提高了信息传播的效率和准确性，而且降低了信息传播的成本，为媒介融合提供了广阔的空间。

网络技术是实现传播技术融合的重要手段。互联网作为一个全球性的、开放的信息传播平台，将世界各地的计算机和服务器连接起来，形成了一个巨大的信息网络。通过这个网络，人们可以随时随地获取和分享各种信息，不再受到时间和空间的限制。网络技术的发展不仅使得不同媒介形态的信息内容可以在同一个网络平台上进行发布和传播，而且实现了信息之间的超级链接和多媒介呈现，丰富了受众的信息接收体验。

移动通信技术是传播技术融合的延伸和拓展。随着智能手机的普及和移动互联网的发展，人们可以随时随地通过手机等移动设备接入互联网，获取所需的信息和服务。这种移动性的信息传播方式不仅满足了人们随时随地获取信息的需求，而且为媒介融合提供了更加便捷和个性化的信息传播渠道。

传播技术的融合打破了不同媒介之间的传播壁垒，为各种媒介信息提供了一个共同的数字化平台。这个平台不仅实现了信息的无缝连接和高效传播，而且降低了信息传播的成本，为媒介融合提供了广阔的空间。随着技术的不断进步和创新，我们可以预见未来传播技术的融合将更加深入和广泛，推动媒介融合向更高层次、更广领域发展。

3. 媒介功能的融合

媒介融合还表现为不同媒介在功能上实现互补和整合。例如，传统媒介主要承担信息发布和舆论引导的功能，而新媒介则具有更强的互动性和个性化服务能力。媒介融合使这些功能得以在同一个平台上实现整合和提升。

媒介功能的融合是媒介融合进程中的又一重要表现。在传统媒介时代，不同的媒介形态往往承担着各自独特的功能和角色。例如，报纸、电视等传统媒介主要承担着信息发布和舆论引导的功能，通过向大众传递新闻、时事、社会动态等信息，塑造公众的认知和态度。而新媒介，如博客等，则以其强大的互动性和个性化服务能力脱颖而出，为受众提供了表达观点、分享经验、建立社交网络的新平台。然而，在媒介融合趋势下，这些原本各自独立的功能开始相互渗透、整合，共同构建出一个更加多元化、互动性更强的信息传播体系。媒介融合使传统媒介和新媒介的功能得以在同一个平台上实现整合和提升，从而满足了受众日益多样化的信息需求。

媒介功能的融合表现在以下三个方面。首先，信息发布的功能得到了极大的拓展和提升。通过数字化平台和网络技术，新闻和信息可以实时更新、全球传播，大大提高了信息发布的时效性和覆盖面。同时，受众也可以根据自己的需求和兴趣定制信息，实现了信息接收的个性化。其次，舆论引导的功能在媒介融合中也得到了新的发展和提升。传统媒介通过新闻报道、评论等方式引导公众舆论；而新媒介则通过用户生成内容（UGC）、社交媒介传播等方式，为公众提供了更加多元、开放的舆论空间。这种融合使得舆论引导更加精准、有效，同时提高了公众对于舆论的参与度和影响力。最后，互动性和个性化服务能力在媒介融合中得到了进一步的强化。新媒介的互动性使得受众可以直接参与到信息传播过程中，发表自己的观点、分享自己的经验。而个性化服务能力则可以根据受众的需求和兴趣提供更加精准的信息推荐和服务。这种融合不仅提高了受众的信息接收体验，也为传媒机构提供了更多的创新空间和市场机遇。

媒介功能的融合是媒介融合进程的重要组成部分。它打破了不同媒介形态在功能上的界限，实现了功能的互补和整合。这种融合不仅提高了信息传播的效率和效果，也满足了受众日益多样化的信息需求。随着技术的不断进步和市场的不断变化，我们可以预见未来媒介功能的融合将更加深入和广泛，为传媒产业的发展注入新的活力和动力。

媒介融合是一个复杂而多维度的概念，它涉及媒介形态、传播技术和媒介功能等多个方面的融合与变革。这些方面的融合相互作用、相互影响，共同推动着媒介融合的不断发展和深化。

二、媒介融合的发展历程

媒介融合的发展是一个随着技术进步和市场需求变化而逐步演进的过程。在这个过程中，不同媒介形态之间的界限逐渐模糊，媒介组织也进行了相应的调整和创新。

1.技术驱动的融合初期

早期模拟传播技术的发展为媒介融合奠定了基础，但真正的媒介融合始于数字技术的广泛应用。数字技术使得文字、图片、音频、视频等所有信息都可以转化为二进制的数字信号，为不同媒介形态的信息内容提供了一个共同的数字化平台。

互联网技术的崛起进一步推动了媒介融合。电子报纸、网络电视等新型媒介形态出现，传统媒介开始将内容迁移到互联网上，实现了内容的跨平台传播。

2. 政策与市场推动的融合加速

政府对媒介融合的重视和支持，如出台相关政策、提供资金支持等，为媒介融合创造了良好的外部环境。例如，某些国家将媒介融合上升为国家战略，推动传统媒介与新媒介的深度融合。

市场需求的变化也推动了媒介融合的加速。受众对于信息的需求越来越多样化、个性化，要求媒介能够提供更加便捷、高效的信息服务。这种需求变化促使媒介组织进行内部调整和创新，以适应新的市场环境。

3. 媒介形态与功能的深度融合

随着技术的不断进步和创新，新型媒介形态不断涌现，如社交媒介、移动应用等。这些新型媒介形态不仅整合了传统媒介的传播优势，还融入了新的技术和功能，使得信息传播更加高效、互动和个性化。

媒介功能也实现了深度融合。传统媒介主要承担信息发布和舆论引导的功能，而新媒介则具有更强的互动性和个性化服务能力。在媒介融合过程中，这些功能得以在同一个平台上实现整合和提升，满足了受众多样化的信息需求。

4. 媒介组织的变革与创新

媒介融合对媒介组织产生了深远的影响。为了适应新的传播环境和市场需求，媒介组织进行了组织架构、管理模式等方面的调整和创新。例如，建立跨部门的协作机制、引入更加开放灵活的管理理念和方式等。同时，媒介组织也加强了与新技术企业的合作与融合。通过合作与融合，媒介组织可以更加快速地掌握新技术、新应用，提高自身的传播能力和竞争力。这种合作与融合也促进了媒介产业和其他相关产业的深度融合与发展。

5. 全球化的媒介融合趋势

随着全球化的加速推进和信息技术的飞速发展，媒介融合已经成为一种全球化趋势。不同国家或地区的媒介组织都在积极探索适合自身发展的媒介融合道路。同时，全球性的媒介组织也在不断加强合作与交流，共同推动媒介融合的深入发展。这种全球化的媒介融合趋势为信息传播带来了更加广阔的空间和更加多元的视角。

媒介融合的发展是一个由技术进步、政策与市场推动、媒介形态与功能深度融合、媒介组织变革与创新以及全球化趋势等多方面因素共同作用的过程。在这个过程中，不同媒介形态之间的界限逐渐模糊甚至消失，形成了一个全新的媒介生态系统。

三、媒介融合的主要特征

媒介融合的主要特征涉及五个方面，这些内容共同构成了媒介融合的独特性和标志性特点。

1. 技术交汇与平台统一

媒介融合的核心在于技术的交汇与平台的统一。随着数字技术、网络技术和移动通信技术等现代信息技术的飞速发展，传统媒介与新媒介之间的技术壁垒逐渐被打破，不同媒介形态得以在技术层面实现交汇与融合。

数字技术的广泛应用，使得文字、图片、音频、视频等所有信息都可以转化为二进制的数字信号，为不同媒介形态的信息内容提供了一个共同的数字化平台。这种数字化平台不仅实现了信息的统一存储、处理和传输，还大大提高了信息传播的效率和准确性。

网络技术进一步推动了媒介平台的统一。通过互联网技术的广泛应用，不同媒介组织可以共同构建一个多功能、一体化的信息传播平台。这种平台不仅可以整合传统媒介和新媒介的各自优势，还可以为受众提供更加丰富、多样化的信息服务和产品。受众可以通过这个平台随时随地获取所需的信息，享受更加便捷、高效的信息服务体验。

移动通信技术的发展也为媒介融合提供了有力支持。随着智能手机的普及和移动网络的覆盖，受众可以随时随地通过移动设备接收和发布信息，实现了信息传播的时空无限性。这种移动性不仅增强了受众的信息接收能力，还为媒介组织提供了更加广阔的市场空间和发展机遇。

通过技术融合，不同的媒介平台得以统一在数字化、网络化和移动化的信息传播平台上。这种平台不仅提高了信息传播的效率和准确性，还促进了不同媒介形态之间的深度融合与发展。未来，随着技术的不断进步和创新，这种平台还将继续拓展其功能和应用范围，为受众提供更加全面、个性化的信息服务体验。

2. 内容共享与多媒介呈现

媒介融合在内容生产与传播方面带来了革命性的变革。传统上，不同的媒介形态（如报纸、广播电视等）往往各自为政，独立进行内容的采集、编辑和发布。然而，在媒介融合时代，这种局面被彻底打破。

媒介融合促进了不同媒介之间在内容生产上的紧密合作与共享。这种合作与共享可以发生在多个层面。首先，在信息采集阶段，不同媒介组织可以共享新闻线索、采访资源和报道素材，从而提高信息采集的效率和准确性。其次，在内容编辑和制作阶段，不同媒介形态可以相互借鉴、融合各自的优势，共同打造出更加丰富、多样化的内容产品。最后，在内容发布和传播阶段，同一内容可以以多种媒介形态呈现（如文字、图片、音频、视频等），以满足不同受众群体的需求和偏好。这种多媒介呈现方式使得信息传播更加生动、直观和全面。文字可以提供深入的背景分析和观点阐述，图片可以直观地展示现场情况和人物形象，视频和音频可以提供更加真实、生动的视听体验。通过多种媒介形态的有机结合，受众可以从多个角度、多个层面全面了解一个新闻事件或社会现象，从而获得更加全面、深入的认识。此外，多媒介呈现方式还提高了受众的信息接收体验。传统媒介形态往往只能提供单一的信息接收方式，如报纸只能提供文字阅读、电视只能提供视听观看等。然而，在媒介融合时代，受众可以根据自己的需求和偏好选择不同的媒介形态来接收信息。例如，他们可以通过手机阅读新闻文字报道、观看相关视频片段或收听音频解说等。这种多样化的信息接收方式不仅提高了受众的信息接收效率，还使得信息传播更加符合受众的个性化需求和习惯。

媒介融合促进了不同媒介之间在内容生产上的合作与共享，实现了同一内容的多媒介呈现。这种呈现方式不仅使得信息传播更加生动、直观和全面，还提高了受众的信息接收体验。未来随着技术的不断进步和创新，以及受众需求的不断变化和发展，媒介融合将继续推动内容生产和传播方式的变革与创新。

3. 传播渠道多元化与互动性增强

媒介融合的时代背景下，传播渠道的多元化成为一个显著的特征。过去，传统媒介（如报纸、广播电视等）是信息传播的主要渠道，受众的选择相对有限。然而，随着数字技术和网络技术的飞速发展，这种单一性被彻底打破。如今，受众可以通过多种途径接收和发布信息。社交媒介平台（如微博、微信、抖音等）成为人们获取新闻资讯、分享个人见解的重要渠道。这些平台不仅提供了文字、图片、音频、视频等多种内容形式，还通过算法推荐等技术手段实现了个性化的信息推送，满足了受众对于信息接收的个性化需求。

移动应用也是媒介融合时代的重要传播渠道之一。随着智能手机的普及，各种新闻类、社交类、娱乐类等移动应用层出不穷。受众可以通过这些应用随时随地获取所需的信息服务，实现了信息传播的时空无限性。此外，智能电视、网络电视等新型电视形态也丰富了受众的信息接收选择。这些电视形态不仅提供了更加高清、流畅的视听体验，还通过互联网连接实现了海量内容的获取和个性化推荐等功能。与此同时，互动性成为媒介融合时代的重要特征之一。在传统媒介时代，受众往往是被动的信息接受者，他们的声音和反馈很难被媒介组织及时获取和回应。然而，在媒介融合时代，受众可以通过社交媒介、移动应用等渠道积极参与到信息传播过程中。

受众可以发表自己的观点和看法、分享个人的经验和见解、参与话题的讨论和投票等。这种互动性不仅提高了受众的参与度和满意度，使得他们更加愿意参与到信息传播过程中；还促进了信息传播效果的提升，因为受众的积极参与和反馈可以为媒介组织提供更加真实、全面的市场需求和受众反馈，有助于媒介组织更加精准地把握市场脉搏和受众需求。

媒介融合打破了传统媒介传播渠道的单一性，形成了多元化的传播渠道；同时增强了互动性，使得受众可以更加积极地参与到信息传播过程中。这些变革不仅丰富了受众的信息接收选择和体验，还推动了媒介产业的创新和发展。

4. 媒介组织边界模糊与产业融合加速

在媒介融合的大背景下，传统媒介组织与新媒介组织之间的边界逐渐变得模糊。过去，报纸、广播电视等传统媒介各自为政，有着清晰的组织架构和业务范围。然而，随着数字技术的广泛应用和网络平台的崛起，新媒介如雨后春笋般涌现，它们以互联网为基础，通过网站、应用、社交媒介等多种形式提供信息服务。这种变化使得传统媒介与新媒介之间开始相互渗透和整合。传统媒体纷纷进军网络领域，开设官方网站、社交媒介账号和移动应用，以拓展其传播渠道和受众范围。同时，新媒介也不断借鉴和吸收传统媒介的内容生产经验和资源优势，提升自身的信息服务质量和竞争力。这种相互渗透和整合不仅模糊了媒介组织之间的边界，还促进了跨媒介、跨行业的产业链和价值链的形成。在媒介融合推动下，传媒产业、电信产业、互联网产业等相关产业开始深度融合，共同构建了一个更加庞大、复杂的产业生态系统。

产业融合加速了媒介产业的发展和创新。通过跨界合作，不同媒介组织可以共享资源、互通有无，实现优势互补和协同发展。例如，传统媒介可以利用新媒介的技术平台和用户数据来提升自身的传播效果和精准营销能力，新媒介则可以借助传统媒介的品牌影响力和内容生产能力来增强自身的公信力和用户黏性。

资源共享也是产业融合带来的重要机遇。在媒介融合时代，信息资源的共享变得更加便捷和高效。不同媒介组织可以通过共享新闻线索、采访资源、报道素材等方式来降低信息采集成本和提高报道效率。同时，它们还可以共享技术资源、人才资源等，以推动技术创新和人才培养的进步。

媒介融合使得不同媒介组织之间的边界逐渐模糊，促进了跨媒介、跨行业的产业链和价值链的形成；同时，产业融合加速了媒介产业的发展和创新，为媒介组织带来了更多的机遇和挑战。未来，随着技术的不断进步和市场需求的不断变化，媒介融合将继续推动媒介产业的变革和发展。

5. 个性化服务与用户体验至上

在媒介融合时代，个性化服务和用户体验成为媒介组织竞争的核心要素。随着数字技术和大数据技术的不断发展，媒介组织有能力对用户的需求和行为进行更加深入、细致的分析和挖掘。

个性化服务意味着媒介组织不再向所有用户提供"一刀切"的信息内容和产品。相反，它们利用用户数据、浏览历史、搜索记录等信息，为每个用户或用户群体量身定制内容。例如，新闻应用可能会根据用户的阅读偏好推送相关的新闻报道；视频平台可能会根据用户的观看历史推荐类似的影片或节目。这种个性化、定制化的信息服务不仅提高了信息内容与用户需求的匹配度，还增强了用户对媒介组织的依赖性和忠诚度。

用户体验是评价媒介服务质量好坏的重要标准。在媒介融合背景下，用户体验不再局限于信息内容的准确性和丰富性，还涉及信息获取的便捷性、界面的友好性、交互的流畅性等多个方面。媒介组织需要不断优化其信息服务流程，确保用户在获取信息的过程中能够享受到流畅、便捷的服务体验。例如，通过优化应用界面设计、提高网站加载速度、增强在线客服响应能力等方式，提升用户的使用满意度。此外，媒介组织还需要关注用户在使用过程中的反馈和意见，及时进行调整和改进。通过收集和分析用户的反馈数据，媒介组织可以更加准确地了解用户的需求和痛点，进而有针对性地优化信息服务流程和提高服务质量。这种以用户为中心的服务理念有助于媒介组织在激烈的市场竞争中脱颖而出。

媒介融合推动了个性化、定制化的信息服务的发展，并强调用户体验的重要性。通过深入分析和挖掘用户需求和行为数据，以及不断优化信息服务流程和提升用户体验质量，媒介组织可以更好地满足用户的需求和期望，进而在市场竞争中占据有利地位。

媒介融合的主要特征包括技术交汇与平台统一、内容共享与多媒介呈现、传播渠道多元化与互动性增强、媒介组织边界模糊与产业融合加速及个性化服务与用户体验至上等方面。这些特征共同构成了媒介融合的独特性和标志性特点，造就了其类型多样的融合层面与方式，推动了媒介产业的快速发展和创新转型。

第二节　媒介融合的类型与特点

媒介融合的类型与特点是一个广泛而深入的议题，涉及传播学、媒介技术、文化等多个领域。媒介融合作为传播领域的一种重要现象，改变了传统媒介的形态和功能，推动了传播技术的创新和发展，也为受众提供了更加多元、便捷的信息获取方式。

一、媒介融合的类型

媒介融合作为传媒领域的一种重要现象，类型多样，涵盖了不同的融合层面和融合方式。

1.所有权融合

所有权融合作为媒介融合的一种重要形式，主要指的是大型传媒集团通过拥有或整合不同类型的媒介资源，如报纸、杂志、广播电视、网站等，实现资源共享和协同工作。这种融合方式不仅涉及媒介形态的整合，更在组织结构、管理模式、业务流程等层面实现了深度整合与创新。

在所有权融合模式下，大型传媒集团能够充分发挥其规模效应和协同效应。通过整合集团内部的新闻采集、内容制作、广告营销等资源，实现资源的优化配置和高效利用。这种整合不仅降低了运营成本和提高了工作效率，还有助于提升新闻报道和信息服务的整体质量。此外，所有权融合还有助于传媒集团拓展其传播渠道和受众市场。通过拥有多种类型的媒介平台，传媒集团可以更加全面地覆盖不同的受众群体，满足他们多样化的信息需求。同时，不同媒介平台之间的交叉推广和互动合作，也有助于提升传媒集团的品牌知名度和影响力。

在组织结构上，所有权融合要求传媒集团建立一种更加灵活、高效的管理体系。这种管理体系需要能够打破传统媒介组织之间的壁垒，促进不同部门之间的沟通与协作。同时，它还需要能够适应快速变化的市场环境和技术发展，及时调整战略和业务模式，以保持持续的竞争力和创新能力。

所有权融合是媒介融合的一种高级形式，它要求传媒集团具备强大的资源整合能力和协同工作能力。通过这种融合方式，传媒集团可以进一步提升其竞争力和影响力，在数字化、网络化的信息传播环境中，占据更加有利的地位。

2. 策略性融合

策略性融合指的是不同媒介之间在内容生产、传播策略、市场营销等关键环节上进行紧密合作的一种模式。这种融合并不是简单的资源叠加或形式上的结合，而是基于共同的目标、市场需求以及各自的专业优势，进行有针对性的、深层次的整合与合作。

在内容生产方面，策略性融合鼓励不同媒介之间共享资源、互通有无。比如，一家擅长文字报道的报纸可以与一家拥有丰富视频资源的电视台合作，共同打造多媒介形态的新闻报道。这种合作方式能够充分发挥各自的专业优势，提升内容的质量和多样性，从而更好地满足受众的信息需求。

在传播策略上，策略性融合强调不同媒介之间的协同作战。通过整合各自的传播渠道和受众资源，合作双方可以共同制定更加精准、高效的传播策略。例如，利用社交媒介平台的广泛传播力，结合传统媒介的权威性和公信力，共同推动某一重要信息的广泛传播和深入人心。

在市场营销方面，策略性融合同样展现出强大的整合力。不同媒介可以通过联合推广、捆绑销售等方式，实现品牌的共同提升和市场份额的扩大。这种融合方式不仅能够降低营销成本，提高营销效率；还能够通过优势互补，实现互利共赢。

策略性融合是一种灵活多样的媒介合作模式。它不强求媒介之间的全面整合，而是根据市场需求和各自的专业优势，进行有针对性的合作。这种融合方式既能够保持媒介的独立性和特色，又能够实现资源共享和优势互补，共同应对激烈的市场竞争和满足多样化的受众需求。

3. 结构性融合

结构性融合是媒介融合发展中的一种深层次融合方式，它主要指的是媒介组织为适应数字化、网络化时代的发展趋势，对内部结构进行有针对性的调整和优化。这种融合方式不仅涉及组织架构的变革，还包括工作流程的再造、人员技能的提升等多个方面，旨在从根本上提升媒介组织的传播效率和传播质量。

在编辑部门的整合方面，结构性融合要求媒介组织打破传统媒介之间的界限，将报纸、广播电视、网络等不同媒介的编辑部门进行有效整合。通过整合，可以形成一个统一的、跨媒介的编辑部，实现新闻资源的共享和协同工作。这种整合不仅有助于减少重复劳动和资源浪费，还可以提高新闻报道的时效性和深度。

采编流程的再造也是结构性融合的重要内容之一。传统的采编流程往往按照不同媒介的特点进行划分，导致流程烦琐、效率低下。而在结构性融合背景下，媒介组织需要对采编流程进行再造，建立一种更加高效、灵活的工作流程。这种流程应该能够适应不同媒介的需求，实现新闻信息的快速采集、加工和发布。

人员技能的培训也是实现结构性融合的关键环节。随着媒介融合的不断深入，媒介组织对人员的技能要求也越来越高。因此，媒介组织需要加强对员工的培训和教育，提高他们的跨媒介传播能力、数字技术应用能力以及创新能力等。只有拥有一支高素质、专业化的团队，媒介组织才能在激烈的市场竞争中立于不败之地。

结构性融合是媒介组织适应媒介融合发展趋势的必然选择。通过编辑部门的整合、采编流程的再造以及人员技能的培训等措施，媒介组织可以进一步提升自身的传播效率和传播质量，更好地满足受众的需求和期望。

4. 信息采集融合

信息采集融合是媒介融合时代新闻工作的重要一环。在传统的新闻采集模式中，不同媒介平台往往各自为政，分别采集适合自身媒介特性的新闻信息。然而，随着媒介融合的加速推进，单一媒介平台的采集方式已难以满足多样化、全方位的传播需求。因此，信息采集融合应运而生，成为提升新闻信息采集效率和质量的关键手段。

信息采集融合强调在新闻信息采集阶段就采用多媒介、全媒介的手段进行全方位、多角度的采集。这意味着新闻工作者需要熟练运用文字、图片、音频、视频等多种媒介形式，全面捕捉新闻现场的各个细节和元素。通过多媒介手段的应用，新闻工作者可以更加生动、真实地还原新闻现场，为受众提供更加丰富、立体的新闻信息。这种融合方式不仅提升了新闻信息采集的效率，还显著提高了采集质量。多媒介手段的应用使得新闻工作者能够在第一时间获取更加全面、准确的新闻素材，为后续的新闻生产和传播奠定坚实的基础。同时，多媒介素材的互通性和可编辑性也大大增强了新闻信息的可塑性和传播力，使得新闻内容能够更加适应不同媒介平台的传播特点和受众需求。

信息采集融合是媒介融合时代新闻工作的重要创新。它通过多媒介、全媒体手段的应用，提升了新闻信息采集的效率和质量，为新闻生产和传播注入了新的活力。这种融合方式不仅满足了受众对多样化、全方位新闻信息的需求，也推动了新闻行业的转型升级和创新发展。

5. 新闻表达融合

新闻表达融合作为媒介融合时代的一个显著特征，指的是在新闻信息的呈现方式上实现多媒介乃至全媒介的表达。这种融合不仅体现在新闻内容的采集和编辑上，更直接展现在受众面前，影响着他们的阅读、观看和互动体验。

在传统的新闻传播中，文字是主要的表达方式，辅以图片和简单的表格。然而，随着数字技术和网络技术的发展，新闻的表达方式发生了翻天覆地的变化。如今的新闻，除了文字，还可以包含高清图片、动态图表、音频解说、视频报道等多种方式。这些多媒介元素相互融合，共同构建了一个立体、生动的新闻传播场景。

新闻表达融合带来的好处是显而易见的。首先，它极大地丰富了新闻信息的表现方式。文字、图片、音频、视频等多种方式的融合，使得新闻内容更加生动、形象、具体，有助于受众更深入地理解和感受新闻事件。其次，这种融合方式显著提升了新闻的传播效果。多媒介的表达方式能够吸引更多受众的注意力，激发他们的阅读兴趣和参与度。最后，新闻表达融合也提升了受众的阅读体验。受众可以根据自己的喜好和需求，选择适合自己的阅读方式，如观看视频报道、收听音频解说或浏览文字报道等。

新闻表达融合是媒介融合时代新闻传播的重要特征之一。它通过多媒介乃至全媒介的表达方式，丰富了新闻信息的表现方式和传播效果，提升了受众的阅读体验和参与度。这种融合方式不仅满足了受众多样化的信息需求，也推动了新闻传播的创新和发展。

二、媒介融合的特点

1. 多元化

多元化是媒介融合的核心特征之一，它指的是在媒介融合背景下，传播渠道、传播内容、传播方式等方面都呈现出前所未有的多样性和丰富性。这种多元化不仅是对传统媒介界限和限制的突破，更是对受众多样化需求的积极回应，同时为媒介自身带来了传播效果和影响力的显著提升。

传播渠道的多元化是媒介融合最直观的表现。过去，新闻信息主要通过报纸、杂志、广播电视等有限的几种渠道进行传播。而在媒介融合时代，互联网、社交媒介、移动应用等新兴媒介平台的崛起，使得新闻信息可以通过无数种渠道同时触达受众。这种渠道的多元化不仅大大加速了新闻信息的传播速度，还使得受众可以随时随地获取所需的新闻信息。

传播内容的多元化也是媒介融合的重要体现。在媒介融合背景下，新闻内容不再局限于传统的文字、图片等方式，而是拓展到音频、视频、动画、虚拟现实等多种形态。这种内容的多元化不仅丰富了新闻的表现形式，使得新闻更加生动、形象、具体，还有助于满足不同受众群体的个性化需求。

传播方式的多元化也是媒介融合带来的重要变革之一。在媒介融合时代，新闻传播不再是单向的、线性的，而是变得更加互动、参与性更强。受众不仅可以被动接受新闻信息，还可以通过评论、分享、点赞等方式参与到新闻的传播过程中。这种传播方式的多元化不仅增强了受众与媒介之间的互动和黏性，还提升了媒介的传播效果和影响力。

媒介融合通过打破传统媒介的界限和限制，实现了传播渠道、传播内容、传播方式等的多元化。这种多元化不仅满足了受众的多样化需求，提升了他们的阅读体验和参与度，还为媒介自身带来了传播效果和影响力的显著提升。在媒介融合的时代背景下，多元化已经成为媒介发展的必然趋势和核心竞争力所在。

2. 互动性

互动性作为媒介融合时代最为突出的特征之一，指的是媒介与受众之间不再是单向的信息传递关系，而是转变为双向的、互动的交流和参与。这种互动性不仅体现在受众对媒介内容的接受上，更体现在受众对媒介内容的反馈、参与和创造上。

在传统的媒介环境中，受众往往是被动的信息接受者，他们的声音和反馈很难被媒介所捕捉和重视。然而，在媒介融合背景下，受众的地位得到了显著提升。他们可以通过各种渠道和平台，如社交媒介、在线调查、评论区等，对媒介内容进行实时的反馈和互动。这种反馈不仅可以帮助媒介更好地了解受众的需求和喜好，还可以作为媒介改进和创新的重要依据。同时，互动性也为受众提供了更多参与媒介内容创作的机会。例如，许多新闻网站和社交媒介平台都鼓励受众提供新闻线索、分享个人经历或观点，甚至直接参与到新闻报道的制作过程中。这种参与不仅提升了受众对媒介内容的认同感和忠诚度，还激发了受众的创造力和传播力，进一步地扩大了媒介的影响力和传播范围。

媒介融合通过强调受众的参与和反馈，实现了传播过程的双向互动。这种互动性不仅提升了受众的参与度和忠诚度，以及促进了媒介与受众之间的沟通和交流，还推动了媒介内容的创新和发展。在媒介融合的时代背景下，互动性已经成为衡量媒介融合成功与否的重要标准之一。

3. 整合性

在媒介融合的大背景下，整合性显得尤为重要。它不仅是对不同媒介类型的一种简单拼接，而且是对媒介资源的深入整合和优化配置，以期达到资源共享和协同工作的效果。这种整合性旨在提高媒介组织的传播效率和传播质量，同时是推动整个传媒产业升级和发展的关键因素。

传统的媒介（报纸、杂志、广播电视）各自有独特的传播特性和受众群体。但在媒介融合趋势下，这些传统媒介的界限开始变得模糊。通过整合和优化配置，不同的媒介资源可以在一种更为广阔和统一的平台上实现共享，这不仅减少了资源浪费，还提高了工作效率。例如，一条重要的新闻消息可以同时通过报纸、网站、社交媒介等多种渠道发布，确保信息能迅速且广泛地触达不同的受众群体。此外，整合性还体现在媒介组织内部的工作流程和人员配置上。不同的部门、团队或个体，需要摒弃过去各自为政的工作模式，转向更为紧密的协同合作。通过共享信息、技能和资源，媒介组织可以更为高效地响应市场的变化，满足受众日益多样化的需求。

从长远来看，媒介融合的这种整合性不仅对提升媒介组织自身的竞争力和影响力具有重要意义，更是推动整个传媒产业升级和发展的强大动力。随着数字技术的不断进步和市场的不断变化，我们有理由相信，整合性将继续在媒介融合中扮演至关重要的角色。

4. 创新性

创新性是媒介融合时代最为鲜明的特征之一，它贯穿于传媒技术的革新、内容生产的变革、传播策略的调整以及市场营销的创新等多个层面，为媒介发展注入了前所未有的活力和动力。

在技术领域，媒介融合推动了传媒技术的飞速进步。传统的传媒技术正在与数字技术、网络技术、移动技术等深度融合，催生出一系列新的媒介形态和传播平台。例如，虚拟现实（virtual reality，VR）、增强现实（augmented reality，AR）、人工智能（artificial intelligence，AI）等前沿技术的应用，为受众带来了沉浸式的阅读体验、智能化的信息推荐等创新服务。这些技术上的革新和突破，不仅提升了媒介内容的传播效率和传播质量，还为媒介组织提供了更为广阔的创新空间和发展机遇。

在内容生产方面，媒介融合也带来了深刻的变革。传统的线性、单向的内容生产方式正在被互动性、参与性、个性化的内容生产模式所取代。受众不再是被动的信息接收者，而是成为媒介内容的共创者和传播者。这种内容生产方式的创新，不仅丰富了媒介内容的多样性和表达方式，还提升了受众的参与度和忠诚度。此外，在传播策略和市场营销方面，媒介融合也推动了创新和实践的步伐。媒介组织开始尝试运用大数据、社交媒体分析等技术手段，精准地洞察受众的需求和喜好，制定更为精准、个性化的传播策略和营销方案。这种创新性的实践不仅提高了媒介内容的传播效果和影响力，还为媒介组织带来了更为可观的商业价值和市场回报。

媒介融合推动了传媒技术的创新和应用，为媒介发展注入了新的活力和动力。这种创新性不仅体现在技术层面的革新和突破，也体现在内容生产、传播策略、市场营销等方面的创新和实践。在媒介融合的时代背景下，创新性已经成为媒介组织的核心竞争力和持续发展的重要驱动力，但媒介融合的动因与影响却远不止于此。

第三节　媒介融合的动因与影响

媒介融合的动因与影响是复杂而多元的。在未来的发展中，我们需要持续关注和研究媒介融合的趋势和特点，积极应对挑战和问题，推动媒介融合朝着更加健康、更加可持续的方向发展。

一、媒介融合的动因

媒介融合作为传媒领域的重要现象和发展趋势，其形成和发展受到多种因素的驱动。

1.技术进步

信息技术的飞速发展，无疑是媒介融合背后最强大的推动力。特别是数字化、网络化技术的广泛应用，它们如同神奇的钥匙，为媒介融合打开了一扇扇前所未有的大门。这些技术的融合应用，不仅彻底打破了传统媒介之间的技术壁垒，更使得不同媒介之间的深度融合成为可能，为整个传媒行业带来了翻天覆地的变革。

数字化技术如同媒介内容的"翻译器"，使得文字、图片、音频、视频等各种形式的信息都可以被转化为统一的数字语言。这种转化不仅极大地提高了信息的存储、传输和处理效率，还为不同媒介之间的信息共享和交换提供了便捷的途径。而网络化技术如同媒介传播的"高速公路"，使得信息可以在瞬间传遍全球的每个角落。无论是互联网、移动通信网，还是各种社交媒介平台，它们都为媒介内容的广泛传播和实时互动提供了强大的网络支持。值得一提的是，大数据、人工智能等前沿技术的融合应用，为媒介融合带来了更加广阔的创新空间。大数据技术可以对海量的媒介内容进行深度挖掘和分析，为媒介组织提供更为精准、个性化的内容推荐和传播策略。而人工智能技术则可以在内容生产、编辑、发布等各个环节实现自动化和智能化，极大地提高了媒介内容的生产效率和质量。

信息技术的飞速发展，特别是数字化、网络化技术的广泛应用为媒介融合提供了强大的技术支撑。它们打破了传统媒介之间的技术壁垒，使得不同媒介之间的融合成为可能，并为整个传媒行业带来了前所未有的变革和发展机遇。

2. 经济驱动

经济驱动是媒介融合不可忽视的重要推动力。随着传媒产业的市场化、商业化进程不断加速，传媒组织面临着前所未有的市场竞争压力。为了在这场激烈的市场竞争中立于不败之地，传媒组织不得不寻求变革与创新，而媒介融合正是其中最为重要的一条路径。

通过媒介融合，传媒组织可以实现资源的共享和优化配置，从而降低生产成本、提高运营效率。例如，一家传媒集团可以同时拥有报纸、杂志、电视台、网站等多个媒介平台，通过共享新闻采编、技术支持、广告销售等资源，减少重复建设和浪费，提高整体运营效率。这种成本的降低和效率的提升，使得传媒组织在市场竞争中更具优势，有助于扩大市场份额。同时，媒介融合也为传媒组织开发新的盈利模式和增值服务提供了可能。传统的传媒盈利模式主要依赖广告收入和发行收入，但随着数字化、网络化技术的普及，这些传统收入来源受到了严重冲击。通过媒介融合，传媒组织可以开发出更加多元化、个性化的产品和服务，如定制化的内容服务、在线教育、电商服务等，从而拓展新的盈利渠道。此外，媒介融合还有助于传媒组织提升品牌影响力和市场竞争力。通过多个媒介平台的协同作战，传媒组织可以形成更强大的品牌效应和传播力，吸引更多的受众和客户。这种品牌影响力和市场竞争力的提升，进一步地推动了传媒组织经济效益的提升。

经济驱动是媒介融合发展的重要动力之一。在市场化、商业化背景下，传媒组织需要通过媒介融合来降低成本、提高效率、扩大市场份额，并开发新的盈利模式和增值服务，以提升经济效益和市场竞争力。

3. 社会需求

在信息爆炸的时代背景下，受众对信息的需求呈现出前所未有的多样化和个性化特点。这种需求的转变对传媒行业提出了巨大的挑战，同时为媒介融合提供了强大的社会驱动力。

多样化需求体现在受众对信息内容、形式、来源等多个方面的多元选择。传统的单一媒介很难再满足受众这种多样化的需求，因此，媒介融合成为一种必然趋势。通过融合多种媒介形态，传媒组织可以为受众提供更为丰富、多元的信息内容，满足他们在不同场景、不同时间、不同心境下的信息需求。

个性化需求体现在受众对信息的定制化、精准化追求。在数字化、网络化技术支持下，受众希望获得更加符合自己兴趣、需求和偏好的信息。媒介融合通过大数据、人工智能等技术手段，可以对受众进行更为精准的用户画像和内容推荐，实现个性化的信息传播。这种个性化的信息获取方式，不仅提升了受众的信息获取体验和满意度，还增强了受众与媒介之间的黏性和互动。此外，随着移动互联网的普及和智能终端的发展，受众对信息获取的时间、地点、方式也提出了更为灵活的要求。媒介融合通过整合多种传播渠道和平台，实现了信息的跨时空、跨平台传播，使受众可以在任何时间、任何地点，以任何方式获取所需的信息。这种信息获取的便捷性和灵活性，进一步地提升了受众的信息获取体验和满意度。

受众需求的多样化和个性化是媒介融合的重要推动力量。媒介融合通过整合多种媒介资源和技术手段，满足了受众在不同时间、不同地点，以不同方式获取信息的需求，提升了受众的信息获取体验和满意度。这种社会需求的满足，不仅推动了媒介融合的发展，也促进了传媒行业的创新和进步。

4. 政策引导

政府在传媒领域的政策导向，对媒介融合的发展起到了不可或缺的重要推动作用。这些政策不仅为传媒组织提供了明确的发展方向，还为媒介融合创新提供了有力的制度保障和政策支持。

政府通过制定一系列相关政策，如传媒产业发展规划、数字化转型战略、融合创新指导意见等，明确提出了鼓励和支持传媒组织进行融合创新的具体措施和要求。这些政策旨在推动传媒产业实现转型升级和高质量发展，以适应数字化、网络化时代的新要求和新挑战。

在政策引导下，传媒组织积极响应，纷纷加大在媒介融合方面的投入和探索。它们通过整合内部资源、优化业务流程、引进先进技术等方式，努力推动媒介融合向更深层次、更广领域发展。同时，政府通过设立专项资金、提供税收优惠、加强人才培养等措施，进一步地加大对媒介融合的支持力度，为传媒组织的融合创新创造了良好的外部环境。此外，政府还注重加强与传媒组织的沟通与合作，及时了解它们的需求和困难，提供有针对性的指导和帮助。这种政策上的引导和支持，不仅激发了传媒组织的创新活力和发展动力，还推动了传媒产业的整体进步和转型升级。

政府在传媒领域的政策导向对媒介融合的发展起到了重要的推动作用。通过制定相关政策并加大支持力度,政府为传媒组织的融合创新提供了有力的制度保障和政策支持,推动了传媒产业的转型升级和高质量发展。

二、媒介融合的影响

媒介融合对传媒领域乃至整个社会产生了深远的影响。

1. 传播模式的变革

媒介融合所带来的传播模式的变革,无疑是传媒领域一场深刻的革命。它彻底打破了传统媒介线性、单向的传播模式,将信息传播带入一个多元化、互动化的全新时代。

在传统媒介时代,信息传播往往是线性的、单向的。传媒组织作为信息的唯一发布者,掌握着信息传播的主导权;而受众则只能被动地接收信息,缺乏反馈和互动的渠道。这种传播模式不仅限制了信息的多样性和丰富性,也剥夺了受众参与信息传播的权利和机会。然而,随着媒介融合的发展,这种传统的传播模式被彻底颠覆。媒介融合借助数字化、网络化等技术手段,实现了信息的多元化、互动化传播。受众不再是被动的信息接收者,而转变为积极的信息参与者和传播者。他们可以通过社交媒介、网络平台等渠道,主动地发布、分享、评论信息,与传媒组织和其他受众进行实时的互动和交流。这种传播模式的变革,使得传播过程更加开放、透明和民主。信息不再是由传媒组织单向地传递给受众,而是在传媒组织和受众之间、受众与受众之间多向流动、共享。这种开放性和互动性不仅极大地丰富了信息的内容和形式,还提高了信息的可信度和影响力。同时,它使得传媒组织能够更加及时、准确地了解受众的需求和反馈,为改进信息传播模式提供了有力的依据。

媒介融合打破了传统媒介线性、单向的传播模式,实现了信息的多元化、互动化传播。这种传播模式的变革不仅提升了信息传播的效率和质量,还促进了受众的积极参与和民主表达,为传媒行业的发展注入了新的活力和动力。

2. 产业结构的调整

媒介融合作为传媒领域的一场深刻变革,不仅改变了信息传播的方式和受众的角色,更推动了传媒产业的结构调整和优化升级。在这一过程中,资源共享、优势互补和规模经济成为传媒组织实现融合发展的关键要素，进而提升了整个产业的竞争力和创新能力。

媒介融合促进了传媒组织之间的资源共享。在传统媒介时代，各类传媒组织往往各自为政，资源分散，难以形成合力。而媒介融合则打破了这种壁垒，使得不同类型的传媒组织可以相互合作，共享彼此的内容资源、技术资源和市场资源。这种资源共享不仅降低了生产成本，提高了资源利用效率；还促进了信息的跨平台、跨媒介传播，丰富了受众的信息获取渠道和体验。

媒介融合实现了传媒组织之间的优势互补。不同类型的传媒组织在内容生产、技术应用、市场运营等方面各有优势。通过融合，这些优势可以得到充分发挥和整合，形成强大的综合优势。例如，传统报纸媒介在深度报道和舆论引导方面具有优势，而网络媒介则在信息传播速度和互动性方面见长。二者的融合可以实现优势互补，提高整体传播效果。此外，媒介融合还带来了规模经济效应。随着融合的深入发展，传媒组织可以通过整合各类资源，扩大生产规模，降低单位产品的生产成本，提高经济效益。同时，规模经济还有助于传媒组织拓展市场份额，提升品牌影响力，进一步地巩固和提升其在市场中的竞争地位。值得一提的是，媒介融合还催生了新的产业形态和业务模式。在融合过程中，传媒组织不断探索和创新，开发出一系列新的产品和服务，如网络直播、短视频、社交媒介营销等。这些新的产业形态和业务模式不仅为传媒产业注入了新的活力，还推动了相关产业的快速发展和融合创新。

媒介融合通过促进资源共享、实现优势互补、带来规模经济效应以及催生新的产业形态和业务模式等方式，推动了传媒产业的结构调整和优化升级。这一变革不仅提升了传媒产业的整体竞争力和创新能力，还为整个产业的发展注入了新的活力和动力。

3. 受众地位的提升

在媒介融合的大背景下，受众的地位得到了前所未有的提升。这一转变不仅体现在受众能够更便捷地获取所需信息，更重要的是他们开始真正参与到信息的生产和传播过程中，成为信息传播不可或缺的一部分。

媒介融合强调以受众为中心，这意味着传媒组织在信息采集、制作和传播过程中，必须更加关注受众的需求和兴趣。受众不再是被动的信息接收者，而成为信息传播的主动参与者。他们可以通过各种渠道和平台，表达自己的观点和意见，影响信息的传播内容和方式。

媒介融合尊重受众的主体地位和个性需求。在数字化、网络化环境下，受众的信息需求呈现出多样化和个性化的特点。媒介融合通过大数据、人工智能等技术手段，对受众进行精准画像，为他们提供定制化的信息服务和产品。这种个性化的信息传播方式，不仅满足了受众的信息需求，也提升了他们的信息获取体验和满意度。

受众在信息传播过程中地位的提升，还有助于提升他们的信息素养和公民意识。通过参与信息的生产和传播，受众可以更加深入地了解社会现象和问题，提高自己的认知能力和判断力。同时，他们可以通过信息传播平台，行使自己的言论自由和监督权，参与社会公共事务的讨论和决策，推动社会的民主化进程。

媒介融合通过强调以受众为中心、尊重受众的主体地位和个性需求，提升了受众在信息传播过程中的地位。这种转变不仅有助于满足受众的信息需求、提升他们的信息素养和公民意识，还推动了社会的民主化进程。在未来的传媒发展中，受众的地位和作用将更加凸显，成为推动传媒变革和社会进步的重要力量。

4. 社会文化的影响

在全球化的大背景下，媒介融合不仅改变了信息传播的方式，更在深层次上影响了社会文化的发展。它如同一座桥梁，连接了不同的文化，加速了文化之间的交流与融合，为多样性和包容性的文化发展注入了新的活力。

媒介融合打破了地域和时空的限制，使不同地域、不同民族的文化得以广泛传播和交流。通过电视、网络、社交媒介等多元化媒介平台，人们可以更加便捷地了解和体验不同的文化，这有助于增进相互理解和尊重，促进文化多样性的发展。这种文化多样性不仅丰富了人们的精神生活，也为社会的创新和进步提供了宝贵的文化资源。

媒介融合推动了文化的包容性发展。在媒介融合过程中，各种文化得以平等地展示和传播，不同文化之间的差异和特色得到了更加充分的体现。这有助于培养人们的开放思维和包容心态，促进不同文化之间的和谐共处与共同发展。同时，媒介融合也为少数群体和边缘文化提供了发声的机会，使边缘群体的文化得到更广泛的认知和理解，进一步地增强了社会的包容性和多元性。

媒介融合还为文化传承和创新提供了新的平台和手段。通过数字化技术、虚拟现实等现代科技手段，传统文化得以在新的媒介形式中焕发新生。例如，利用数字化技术对古籍进行保护和修复，再通过网络平台进行展示和传播，既保护了传统文化遗产，又让更多的人能够便捷地了解和感受传统文化的魅力。同时，媒介融合也鼓励文化创新，为艺术家和创作者提供了更加广阔的创作空间和展示平台，推动了社会主义文化的繁荣兴盛。

媒介融合在促进文化交流、推动文化多样性和包容性发展，以及传承和创新传统文化等方面发挥了重要作用。它不仅丰富了人们的精神文化生活，为社会的和谐与进步提供了强大的文化支撑，也为地域文化的传播奠定了基础。

第二章 地域文化传播概述

地域文化传播是传播学中的一个重要研究领域，它关注特定地域内的文化元素、符号、价值观等如何通过不同的媒介和渠道进行传递与扩散。地域文化传播不仅涉及文化的地理分布和扩散，还涉及文化在特定地域内的形成、发展和演变。

第一节 地域文化的定义与特点

一、地域文化的定义

地域文化，作为一个综合性的概念，深深植根于特定的地域土壤之中，它是一定地域范围内各种自然因素和人文因素综合作用下的文化产物。这种文化既带有鲜明的地域特征，又含有丰富的历史底蕴，是某一地域区别于其他地域的重要标志。

地域文化传播是指具有本地鲜明特色文化的文化区域，通过各种传播方式和渠道，将其独特的文化元素、符号和价值观传播到其他区域的过程。

地域文化的形成离不开特定的地理环境。地理环境既是人类生存和发展的物质基础，也是影响地域文化形成的重要因素之一。不同的地理环境孕育了不同的生产方式、生活方式和思维方式，进而形成了各具特色的地域文化。例如，江南的水乡文化、黄土高原的农耕文化、草原的游牧文化等，都是地理环境对地域文化影响的生动体现。历史条件也是地域文化形成的重要因素。历史是地域文化的根和源，每个历史时期都会在地域文化上留下深刻的烙印。不同的历史阶段、不同的历史事件、不同的历史人物，都会对地域文化的形成和发展产生深远的影响。例如，一些古老的城市因其悠久的历史而拥有丰富的文化遗产和独特的地域文化。民族分布和宗教信仰也是地域文化形成的重要因素。不同的民族有着不同的文化传统和风俗习惯，这些差异在地域文化中得到了充分的体现。同时，宗教信仰作为人类精神生活的重要组成部分，也对地域文化的形成和发展产生了深远的影响。一些地区的宗教建筑、宗教仪式和宗教艺术等，都是地域文化的重要组成部分。经济发展水平也是影响地域文化的重要因素之一。经济是基础，文化是上层建筑，经济发展水平的高低直接影响着地域文化的繁荣程度和发展方向。一般来说，经济发达的地区往往拥有更加丰富的文化资源和更加活跃的文化氛围，能够吸引更多的文化人才和创意产业聚集，从而推动地域文化的创新和发展。

地域文化的表现形式是多种多样的，它既包括语言、文字、风俗习惯、宗教信仰等精神文化方面的内容，也包括建筑、手工艺、饮食等物质文化方面的内容。这些文化元素相互交织、相互影响，共同构成了地域文化的独特魅力。同时，地域文化也是不断发展和变化的，它随着时代的变迁而不断吸收新的元素和内涵，保持着鲜活的生命力。

在现代社会中，地域文化已经成为一种重要的文化资源和发展动力。通过挖掘和传承地域文化，不仅可以增强地区的文化软实力和竞争力，还可以促进地区间的文化交流与合作，推动文化的多样性和共同繁荣。因此，我们应该更加重视地域文化的保护和发展工作，让地域文化在新时代焕发出更加绚丽的光彩。

二、地域文化的特点

地域文化的特点主要体现在地域性、传承性、多样性、动态性以及相对性等方面。这些特点共同构成了地域文化的丰富内涵和独特魅力，使得地域文化在推动地方经济社会发展、增强民族文化自信等方面发挥着重要作用。

1. 地域性

地域文化最为鲜明且核心的特性无疑是地域性。这种地域性深深地烙印在文化的每个细节之中，使得每处地域都拥有独特且不可复制的文化风貌。地域文化的地域性是由多种因素共同影响和塑造的，其中自然环境、历史条件和社会背景等都扮演着至关重要的角色。

自然环境对地域文化的形成起着基础性的作用。不同地域的自然环境差异巨大，如气候、地形、水文等，这些自然因素直接影响着人类的生产生活方式，进而塑造了不同的地域文化。例如，江南的水乡文化就与其密布的河网、温润的气候紧密相连，形成了独特的建筑风格和农耕文化。历史条件也是决定地域文化特色的重要因素。每个地域都有其独特的历史发展轨迹，这些历史条件在时间的长河中逐渐沉淀，形成了各具特色的地域文化。历史上的重大事件、人物以及朝代更迭等都会对地域文化产生深远的影响，使得地域文化在精神层面展现出独特的价值观念和思维方式。社会背景同样对地域文化的形成和发展起到关键作用。不同地域的社会结构、民族分布、宗教信仰等都会对其文化产生深刻的影响。这些社会因素与自然环境和历史条件相互作用，共同塑造了地域文化的独特面貌。例如，一些少数民族地区由于独特的民族分布和宗教信仰，形成了与众不同的文化传统和风俗习惯。

地域文化的地域性在物质文化层面和精神文化层面都有着深刻的体现。在物质文化层面，地域性表现为独特的建筑风格、饮食特色、服饰习惯等。这些物质文化元素是地域文化最直观、最具体的展现，也是人们感受和理解地域文化的重要途径。在精神文化层面，地域性则体现为独特的价值观念、思维方式、审美趣味等。这些精神文化元素是地域文化的核心和灵魂，它们深刻地影响着人们的思想和行为方式，塑造着地域文化的独特魅力。

地域文化的地域性是其最显著的特点之一。这种地域性是由自然环境、历史条件和社会背景等多种因素共同影响和塑造的，它使得每处地域都拥有独特且不可复制的文化风貌。正是这种地域性，使得地域文化成为人类文化宝库中一颗颗璀璨的明珠，散发着独特的光彩和魅力。

2. 传承性

地域文化的传承性是其在历史发展过程中形成的一种鲜明特质，这种传承性如同文化的血脉，穿越时空，既连接着过去与现在，也指引着未来。地域文化并不是一蹴而就的，而是在漫长的历史岁月中，经过一代又一代人的创造、积累、沉淀和传承，逐渐形成的具有深厚历史底蕴的文化体系。这种传承性首先体现在对传统文化的继承和发扬上。地域文化中的传统文化元素，如民俗习惯、传统手工艺、古老节庆等，都是地域文化的重要组成部分。这些传统文化在历史的长河中得以保留和传承，成为地域文化的独特标识和宝贵财富。同时，地域文化的传承者也不断根据时代的发展和社会的进步，对这些传统文化进行创新性转化和发展性继承，使其焕发新的生机与活力。另外，地域文化的传承性还体现在对现代文化的吸收和融合上。地域文化并不是封闭和孤立的，而是在与其他文化，特别是现代文化的交流与碰撞中，不断吸收新鲜血液，实现自我更新和发展。这种对现代文化的开放态度，使得地域文化能够紧跟时代的步伐，与时俱进地展现其独特的魅力。例如，现代科技手段的运用，使得地域文化的传播方式更加多元化和便捷化；现代艺术形式的引入，为地域文化的表达提供了更加丰富的艺术语言和表现手段。

地域文化的传承性是该地区文化得以延续和发展的重要保障。正是因为有了这种传承性，地域文化才能够在历史的长河中屹立不倒，历经风雨而愈发坚韧和璀璨。同时，地域文化的传承性也为该地区的文化认同感和凝聚力提供了坚实的文化基础。在传承过程中，地域文化不仅让人们了解到自己的文化根源和身份归属，更让人们感受到文化的力量和价值所在。

地域文化的传承性既是其深厚历史底蕴的体现，也是其得以延续和发展的关键所在。在全球化浪潮冲击下，我们更应该重视地域文化的传承性保护工作，让这些独特的文化宝藏得以代代相传、发扬光大。

3. 多样性

地域文化的多样性是其最为引人注目和令人着迷的特点之一。这种多样性源于地域文化形成过程中所受到的多种因素的复杂影响，包括但不限于地理环境、历史条件、民族分布、宗教信仰以及经济发展水平等。这些因素在地域文化塑造过程中相互交织、相互作用，共同铸就了地域文化多姿多彩的面貌。

不同地域之间的文化差异是地域文化多样性的直接体现。由于不同地域在自然环境、历史发展轨迹和社会背景等方面的独特性，各地域在文化传统、风俗习惯、语言文字等方面都呈现出鲜明的特色。这种地域间的文化差异使得世界文化版图丰富多彩，每个地域的文化都像是文化宝库中的一颗璀璨明珠，散发着独特的光芒。同一地域内部不同群体之间的文化差异也是地域文化多样性的重要表现。在同一地域内，不同民族、不同社会阶层、不同职业群体等都会因为各自的历史背景、生活环境和文化传统而形成独特的文化圈层。这些文化圈层在相互交流、碰撞和融合中，共同构成了地域文化的多元格局。这种同一地域内的文化差异，使得地域文化更加深厚、更加立体，也为地域文化的发展注入了源源不断的活力。

地域文化的多样性对于世界文化的丰富和发展具有重要意义。首先，地域文化的多样性为世界文化提供了宝贵的资源。不同地域的文化传统、艺术形式和智慧结晶都是人类文明的瑰宝，它们相互借鉴、相互融合，共同推动了人类文化的进步和发展。其次，地域文化的多样性促进了文化交流和理解。不同地域的文化差异使得人们更加珍视和尊重彼此的文化传统，也更加愿意去了解、去体验不同的文化风情。这种文化交流和理解有助于增进人类之间的友谊和合作，共同推动世界的和平与发展。

地域文化的多样性是其独特魅力和价值所在。我们应该珍视和保护地域文化的多样性，让不同地域的文化在相互尊重、平等交流的基础上，共同繁荣发展，为世界文化的丰富多彩贡献自己的力量。

4. 动态性

地域文化作为一种深深植根于特定地域土壤中的文化形态，绝非静止不变的古董，而是随着时代的脉搏不断跳动、发展和变化的生动实体。这种动态性既是地域文化永葆活力和生命力的关键所在，也是其能够与时俱进、与世界文化潮流对话的重要保障。

地域文化的动态性首先体现在对传统文化的创新和改造上。传统文化是地域文化的根基和灵魂，但传统文化并不意味着一成不变或僵化守旧。相反，地域文化中的传统文化元素在传承过程中，不断被赋予新的时代内涵和表现形式，实现着创新性转化和发展性继承。这种创新和改造，既包括对传统文化内容的深入挖掘和重新解读，也包括对传统文化形式的现代性改造和拓展。通过这种创新和改造，传统文化得以焕发新的生机与活力，成为地域文化发展的重要驱动力。同时，地域文化的动态性还体现在对新兴文化的接纳和融合上。地域文化并不是封闭自守的孤岛，而是处于不断与外界文化交流与碰撞的动态过程中。随着全球化的深入发展，各种新兴文化现象和文化元素不断涌现，对地域文化产生着深刻的影响。地域文化以开放包容的态度，积极吸纳这些新兴文化中的有益成分，与自身文化进行有机融合，从而不断丰富和发展自身的文化内涵和表现形式。这种对新兴文化的接纳与融合，使得地域文化能够紧跟时代步伐，保持与时俱进的文化品格。

地域文化的动态性是该地区文化能够保持活力和生命力的关键所在。正是因为地域文化具有这种不断发展和变化的动态性，它才能够在历史的长河中生生不息、历久弥新。动态性不仅使得地域文化能够适应时代的变化、满足社会的需求，更能够推动地域文化在不断创新和发展中实现自我超越和提升。同时，地域文化的动态性也为该地区的文化交流和传播提供了广阔的空间和平台，使得地域文化能够在更广阔的范围内产生影响力和辐射力。

地域文化的动态性是其永葆活力和生命力的重要保障。我们应该以开放包容的心态看待地域文化的动态发展过程，积极推动地域文化的创新性转化和发展性继承，让地域文化在保持传统特色的同时，焕发出更加绚丽的光彩。

5. 相对性

地域文化的相对性是指在不同地域之间，文化呈现出一种差异性和相对性的特征。这种相对性不仅深入到文化内容层面，也广泛体现在文化形式的多样性上。正是由于这种相对性的存在，我们在接触、理解和评价不同地域的文化时，必须保持一种开放和包容的态度。

从文化内容的角度来看，地域文化的相对性表现得尤为明显。不同地域由于历史背景、自然环境、民族分布、宗教信仰等多方面的差异，形成了各具特色的文化传统和风俗习惯。这些文化内容上的差异，使得不同地域的文化在价值观念、道德准则、生活方式等方面都呈现出鲜明的特色。例如，有的地域注重个人自由与独立，有的地域则更强调集体意识和家族观念；有的地域崇尚自然与和谐，有的地域则更追求物质财富和社会地位。这些差异性的存在正是地域文化相对性的直接体现。

从文化形式的角度来看，地域文化的相对性也同样显著。不同地域的文化在表现形式上（如建筑风格、艺术风格、音乐舞蹈、节庆活动等）各具特色。这些文化形式上的差异，反映了不同地域人民在审美趣味、艺术追求和文化表达上的独特性。例如，有的地域的建筑风格以雄伟壮观著称，有的地域则以精致细腻见长；有的地域的音乐舞蹈热情奔放，有的地域则更注重内敛和含蓄。这些文化形式上的差异，使得不同地域的文化呈现出多姿多彩的面貌。

地域文化的相对性要求我们在理解和评价不同地域的文化时，保持开放和包容的态度。我们应该尊重每个地域的文化传统和风俗习惯，避免用单一的标准去衡量和评价不同地域的文化。同时，我们也应该积极学习和借鉴不同地域的文化精华，促进不同地域之间的文化交流与融合，共同推动人类文化的繁荣与发展。

地域文化的相对性既是文化多样性的重要体现，也是我们在理解和评价不同地域文化时必须坚持的原则。只有保持开放和包容的态度，丰富地域文化传播的途径与方式，我们才能更好地欣赏和领略不同地域文化的独特魅力，推动人类文化的共同交流与进步。

第二节　地域文化传播的途径与方式

地域文化传播的途径与方式多种多样，包括传统媒介和新媒介等。这些途径与方式在地域文化传播中发挥着不同的作用，共同构成了地域文化传播的多元体系。

一、传统媒介传播

传统媒介（如报纸、杂志、广播电视等）在地域文化传播中发挥着举足轻重的作用。这些媒介平台通过多样化的内容形式和广泛的覆盖范围，将地域文化的独特魅力和深厚底蕴传递给世界各地的受众。

报纸作为历史最悠久的传统媒介之一，在地域文化传播中扮演着重要角色。地方报纸通过开设专栏、刊登专题报道等方式，深入挖掘和整理本地文化资源，将地域文化的历史渊源、民俗风情、艺术成就等呈现给读者。这些报道不仅增强了本地民众对地域文化的认同感和自豪感，也吸引了外地游客和学者的关注。

杂志以精美的印刷和丰富的内容形式，成为地域文化传播的又一重要载体。地方杂志通过策划专题、邀请知名作家撰写文章等方式，以图文并茂的形式将地域文化的精髓和特色展现出来。这些杂志不仅具有收藏价值，也成为人们了解地域文化的重要途径。

广播在地域文化传播中具有独特的优势。通过声音的传播，广播能够生动形象地展现地域文化的韵味和魅力。地方广播可以制作播出富有地方特色的文艺节目、访谈节目等，让听众在声音的世界中感受地域文化的独特魅力。同时，广播的覆盖范围广泛，不受时间和空间的限制，使得地域文化的传播更加便捷和高效。

电视作为最具影响力的传统媒介之一，在地域文化传播中发挥着举足轻重的作用。地方电视台通过制作并播出纪录片、专题片、文化访谈等节目，将地域文化的历史、民俗、艺术等全方位地呈现给观众。这些节目不仅具有极高的观赏性和娱乐性，也让观众在潜移默化中感受到地域文化的深厚底蕴和独特魅力。

地方性的媒介机构在传播地域文化方面具有得天独厚的优势。它们扎根于本地文化土壤之中，对本地文化资源有着更加深入的了解和把握。这些媒介机构能够充分挖掘和利用本地文化资源，以更加贴近民众的方式进行传播。它们制作的节目和内容更加符合本地受众的口味与需求，从而更容易引起受众的共鸣和关注。

传统媒介在地域文化传播中发挥着不可替代的作用。它们通过多样化的内容形式和广泛的覆盖范围将地域文化的独特魅力和深厚底蕴传递给世界各地的受众。在未来的地域文化传播中，我们应该继续发挥传统媒介的优势和作用，不断创新传播方式和方法，为地域文化的传承和发展贡献更大的力量。

二、新媒介传播

随着互联网的迅猛发展和新媒介技术的不断创新，新媒介传播已经成为地域文化传播的重要组成部分。新媒介以独特的优势，如快速传播、广泛覆盖、实时互动等，为地域文化传播提供了全新的方式和途径。

1. 官方网站与在线平台传播

官方网站在地域文化传播中担任着举足轻重的角色。它们既是地方政府和文化机构对外展示与推广地域文化的重要窗口，也是全球受众获取地域文化信息、感受地域文化魅力的主要渠道之一。

地方政府或文化机构可以建立专门的官方网站，用于集中发布地域文化的新闻动态、活动信息、研究成果等。这些网站通过精心设计的页面布局、丰富多样的内容呈现以及友好的用户交互体验，将地域文化的独特魅力以图文并茂、声像俱佳的形式展现给全球受众。受众可以随时随地通过官方网站了解地域文化的历史渊源、民俗风情、艺术特色等，感受地域文化的深厚底蕴和独特魅力。

官方网站还可以提供在线展览、虚拟导览等创新功能，让受众无须亲临现场就能深入了解地域文化。通过高清图片、三维模型、虚拟现实等技术手段，官方网站可以将地域文化的文物古迹、艺术作品等以数字化的形式呈现给受众，让受众在家中就能身临其境地感受地域文化的魅力。这种在线展览和虚拟导览的方式不仅打破了时间和空间的限制，还提高了地域文化传播的覆盖范围和影响力。

地域文化还可以借助各类在线平台进行更广泛的传播。例如，通过建立地域文化主题的在线论坛或社区，聚集对地域文化感兴趣的人群，为他们提供交流、讨论和分享的平台。这些在线平台不仅为地域文化的传播提供了广阔的空间，还有助于培养地域文化的忠实粉丝和传承者。受众可以在这些平台上发表自己的见解和感受，与其他人进行深入的交流和讨论，共同推动地域文化的传承和发展。

官方网站和在线平台在地域文化传播中发挥着不可替代的作用。它们通过精心设计的页面布局、丰富多样的内容呈现以及创新的功能设置，将地域文化的独特魅力展现给全球受众，促进了地域文化的广泛传播和深入交流。未来，随着技术的不断进步和新媒介的不断发展，我们相信，官方网站和在线平台在地域文化传播中的作用将会更加凸显和重要。

2. 社交媒介传播

社交媒介作为现代信息传播的重要渠道，对于地域文化传播具有深远的影响。地域文化相关机构通过微博、微信、抖音等社交媒介平台开设官方账号，为地域文化传播打开了新的窗口。这些官方账号成为发布地域文化动态信息、图片、视频等内容的主要阵地。通过精心策划和定期更新，地域文化相关机构可以将地域文化的最新动态、精彩瞬间以及背后的故事以图文、视频等多媒体形式呈现给广大受众。这些内容不仅丰富了社交媒介的信息流，也吸引了大量对地域文化感兴趣的受众。

社交媒介的转发、评论等功能极大地促进了地域文化内容的传播。当受众看到感兴趣的地域文化内容时，他们可以通过转发、点赞、评论等方式表达自己的喜爱和支持。这种社交互动不仅让地域文化内容在受众中迅速传播开来，还引发了广泛的关注和讨论。这种关注和讨论不仅提升了地域文化的知名度，还增强了受众对地域文化的认同感和归属感。

社交媒介还具有强大的互动性，使得受众可以直接与地域文化信息发布者进行沟通交流。受众可以通过私信、留言等方式向地域文化信息发布者提问、反馈意见或建议，而地域文化信息发布者也可以及时回应受众的需求和反馈。这种互动不仅增强了受众的参与感和归属感，还让地域文化信息发布者更加了解受众的需求和喜好，从而进一步地优化传播策略和内容。

社交媒介在地域文化传播中发挥着不可替代的作用。它们通过官方账号的发布、社交互动以及强大的互动性等功能，将地域文化的魅力传递给更广泛的受众群体。未来，随着社交媒介的不断发展和创新，我们相信，它们在地域文化传播中的作用将会更加重要和显著。

3. 短视频与直播传播

短视频和直播作为近年来迅猛发展的新媒介形式，正逐渐在地域文化传播中占据一席之地，并发挥着日益重要的作用。这两种新媒介形式以独特的魅力和优势，为地域文化传播注入了新的活力和动力。

短视频作为一种时长较短、内容精练的视频形式，非常适合在快节奏、碎片化的现代生活中进行传播。地域文化相关机构和个人可以通过拍摄和发布地域文化的短视频，将地域文化的特色、风俗、活动等以更加生动直观的方式展现给广大受众。这些短视频可以通过各大短视频平台进行发布和推广，利用平台的算法推荐和社交分享功能，迅速获取更多人的关注和喜爱。受众在观看短视频过程中，不仅能够感受到地域文化的独特魅力，还能够通过点赞、评论、转发等方式与内容进行互动，进一步地加深对地域文化的了解和认同。

直播是一种实时性极强的新媒介形式，具有真实、互动、参与感强等特点。地域文化相关机构可以通过直播地域文化的活动、庆典等实况，让受众实时感受地域文化的氛围和魅力。在直播过程中，主播可以与受众进行实时互动，解答受众的疑问，分享更多关于地域文化的知识和故事。这种直播形式不仅打破了时间和空间的限制，让受众能够随时随地参与和体验地域文化活动；还增强了受众的参与感和体验感。同时，直播的实时性和互动性也有助于提升地域文化的知名度和影响力，吸引更多的人关注和参与地域文化的传承和发展。

短视频和直播作为新媒介形式，在地域文化传播中发挥着越来越重要的作用。它们以生动直观的方式展现地域文化的魅力，吸引更多人的关注和喜爱；同时，它们还具有强大的互动性和参与性，让受众能够更深入地了解和体验地域文化。未来，随着技术的不断进步和新媒介的不断发展，我们相信，短视频和直播在地域文化传播中的应用将会更加广泛和深入。

4. 网络游戏与文化创意产品传播

网络游戏和文化创意产品在当今的新媒介环境中，已然成为地域文化传播的重要载体和途径。这两种媒介形式都拥有广泛的受众基础，尤其是年青一代，他们对于新鲜事物和文化体验有着极高的接受度和热情。

网络游戏作为现代娱乐产业的重要组成部分，其影响力已远超传统娱乐形式。地域文化元素在网络游戏中的融入，为玩家提供了一种全新的了解和体验地域文化的平台。游戏开发者可以在游戏的设计中巧妙地融入地域文化的历史、传说、民俗等元素，通过丰富的游戏剧情和互动体验，让玩家在娱乐中不自觉地了解和学习地域文化。这种寓教于乐的方式不仅极大地提高了受众对地域文化的兴趣度，还为地域文化的传承注入了新的活力。

文化创意产品以独特的设计理念和文化内涵，深受消费者喜爱。将地域文化元素融入文化创意产品的设计中，不仅可以丰富产品的文化内涵，提升其市场竞争力；还能够通过产品的销售和推广，将地域文化传播到更广泛的受众中。这种传播方式不仅具有商业价值，更具有深远的文化意义。

网络游戏和文化创意产品的地域文化传播方式，既满足了受众的娱乐需求，又实现了地域文化的有效传播。这种寓教于乐的方式不仅提高了受众对地域文化的兴趣度和认知度，还有助于推动地域文化的创新性发展和传承。未来，随着新媒介技术的不断进步和市场需求的不断变化，我们相信，网络游戏和文化创意产品在地域文化传播中的作用将会更加重要和显著。

新媒介传播为地域文化的传播提供了全新的方式和途径。通过官方网站与在线平台、社交媒介、短视频与直播以及网络游戏与文化创意产品等多种新媒介形式的应用和推广，地域文化得以更加快速、广泛、深入地传播到全球各地受众中。在未来的地域文化传播中，我们应该继续发挥新媒介的优势和作用，不断创新传播方式和方法，为地域文化的传承和发展贡献更大的力量。

三、旅游文化传播

旅游业作为一种综合性的产业，不仅为地区经济发展提供动力，同时是地域文化传播与交流的重要桥梁。通过旅游活动，游客能够亲身感受地域文化的独特魅力，成为地域文化的传播者。

1. 旅游线路与产品的文化设计

旅游线路与产品的文化设计在旅游文化传播中占据着举足轻重的地位，它们既是连接游客与地域文化的桥梁，也是旅游目的地吸引游客、传递文化价值的重要手段。地域文化的丰富多样性和深厚历史背景为旅游线路与产品的文化设计提供了源源不断的灵感及素材。

地域文化特色是旅游线路与产品文化设计的核心要素之一。每个地方都有独特的文化风貌和内涵，这些特色正是吸引游客的关键所在。旅游线路与产品的文化设计应当深入挖掘地域文化的独特之处，如地方的历史传统、民俗风情、建筑风格、美食文化等，将其巧妙地融入旅游线路与产品的规划中。例如，可以设计以某个历史时期或文化主题为主线的旅游线路，让游客在参观历史遗迹、品味地道美食、体验传统手工艺等活动中，深入感受地域文化的独特魅力。

历史背景既是地域文化的重要组成部分，也是旅游线路与产品文化设计的重要灵感来源。每个地方都有独特的历史轨迹和发展脉络，这些历史元素不仅丰富了地域文化的内涵，也为旅游线路与产品的文化设计提供了丰富的素材。在设计过程中，可以结合地方的历史事件、名人故事、传说等，打造具有历史底蕴的旅游线路和产品。例如，可以策划一条历史遗迹游线路，将当地的重要历史遗址、博物馆、纪念馆等串联起来，让游客在穿越时空的旅程中，感受历史的厚重和文化的传承。

通过这些富有地域文化特色的旅游线路与产品，游客可以更加直观地了解地域文化的内涵和特点。相较于传统的旅游方式，这种以地域文化为主题的旅游线路与产品更加注重游客的文化体验和深度参与。游客在旅行过程中，不仅可以欣赏到美丽的自然风光和人文景观，还可以深入了解当地的历史文化、民俗风情和社会生活，从而加深对地域文化的认知和理解。这种旅游方式不仅丰富了游客的旅行体验，也为地域文化的传播和交流提供了重要的平台与渠道。

2. 导游的文化讲解服务

导游在旅游文化传播中扮演着举足轻重的角色，他们不仅是游客的向导和服务者，更是地域文化的重要传播者。导游的职责不仅仅是提供基本的旅游服务，如线路规划、景点介绍和日常需求满足，更重要的是将地域文化的精髓和价值传递给每名游客。

导游应当具备丰富的地域文化知识。这包括对当地历史、民俗、艺术、建筑等各个方面的深入了解。他们需要通过专业培训和持续学习，不断充实自己的知识储备，确保能够为游客提供准确、生动的文化解读。在带领游客参观历史遗迹、品味地道美食或体验传统手工艺时，导游应当能够将这些活动与地域文化的历史渊源和发展脉络相结合，为游客构建一幅完整、生动的文化画卷。

导游的讲解技巧也是至关重要的。他们需要运用生动的语言和丰富的表达方式，将地域文化的魅力以易于理解和接受的方式呈现给游客。通过讲述有趣的历史故事、解释复杂的文化现象或展示独特的艺术风格，导游可以激发游客对地域文化的兴趣和好奇心。同时，他们还需要根据游客的不同背景和需求，灵活调整讲解内容和方式，确保每名游客都能够获得满意的文化体验。

导游的服务态度和专业素养也是影响地域文化传播效果的重要因素。他们需要以热情、友好的态度接待每名游客，耐心解答他们的问题和需求。在提供服务过程中，导游还需要关注游客的反馈和意见，不断改进自己的服务质量和讲解水平。通过专业服务和真诚态度，导游可以赢得游客的信任和尊重，从而更加有效地传播地域文化的魅力。

导游是旅游文化传播中不可或缺的重要角色。他们通过丰富的地域文化知识、生动的讲解技巧以及优质的服务态度，为游客打开了一扇了解地域文化的窗口。在未来的旅游发展中，我们应当更加重视导游队伍的建设和培训，提升他们的专业素养和文化传播能力，为地域文化的传承和发展贡献更大的力量。

3. 文化展览与民俗表演

在旅游目的地，文化展览与民俗表演是展示地域文化的两大核心方式，它们以直观、生动的形式将地域文化的精髓和魅力呈现给游客，极大地丰富了游客的旅游体验。

文化展览通常集中展示地域文化的历史文物、艺术品等珍贵藏品。这些展品既是地域文化历史发展的见证，也是文化传承的重要载体。通过精心策划的展览布局和专业的解说服务，游客可以在欣赏中深入了解地域文化的起源、演变和影响。展览中的每件文物、每幅艺术品都承载着丰富的历史文化信息，它们的展示不仅让游客感受到地域文化的深厚底蕴，也激发了游客对文化多样性的尊重和热爱。与此同时，民俗表演以更加鲜活、动态的方式展现地域文化的民俗风情和艺术魅力。通过歌舞、戏曲、杂技等多样化的表演形式，民俗表演将地域文化中的日常生活、节庆习俗、民间艺术等元素生动地呈现在游客面前。这些表演不仅具有极高的艺术观赏价值，更是游客了解地域文化、社会生活和人民精神风貌的重要途径。在观看表演过程中，游客可以深入感受地域文化的独特韵味和鲜活气息，从而更加全面地了解地域文化的内涵和特点。

文化展览与民俗表演在旅游目的地中扮演着举足轻重的角色。它们不仅为游客提供了丰富多彩的旅游体验，更是地域文化传播的重要平台和窗口。通过这些活动，地域文化的独特魅力和价值得以广泛传播，进一步地促进了文化多样性和文化交流的繁荣发展。

4. 旅游纪念品与文创产品

旅游纪念品与文创产品在旅游文化传播中起到了重要的延伸作用。它们不仅仅是商品，更是地域文化的载体和传承者，通过独特的创意巧妙地将地域文化的元素融入产品设计中，为游客提供了一种独特的文化体验。

这些产品的设计灵感往往来源于地域文化的深厚底蕴。手工艺品、特色服饰、图书音像制品等，都可能以地域的历史、民俗、艺术或自然风光为创作背景，将地域文化的精髓巧妙地融入产品的形态、图案、材质或功能之中。游客在选购这些产品时，不仅能够感受到产品的实用性和美观性，更能从中领略到地域文化的独特魅力和深厚内涵。

购买和使用这些产品的过程，实际上也是游客与地域文化进行深度互动的过程。游客在旅行结束后，将这些蕴含地域文化元素的纪念品与文创产品带回家，不仅可以留存对旅行的美好记忆，更能在日常生活中不断回味和体验地域文化的魅力。这种持续的互动体验，无疑加深了游客对地域文化的认知和情感联系。

旅游纪念品与文创产品还具有重要的文化传播功能。当游客将这些蕴含地域文化元素的产品作为礼物赠送给亲朋好友时，实际上也是在将地域文化传播给更多的人。这种传播方式不仅具有广泛性，而且具有亲和力与说服力，因为它是以具体的产品为媒介，通过人们的日常生活和社交互动来传播地域文化，更容易被接受和认同。

旅游纪念品与文创产品在旅游文化传播中发挥着不可替代的作用。它们以地域文化为设计灵感，通过商品的形式将地域文化的魅力传递给游客，进而延伸到更广泛的社会群体中。在未来的旅游发展中，我们应当更加重视这些产品的设计和推广，充分发挥它们在地域文化传播中的潜力和价值。

5. 旅游节庆与活动

旅游节庆与活动在地域文化传播中扮演着举足轻重的角色，它们不仅是旅游目的地吸引游客的重要手段，更是展现和传承地域文化的重要平台。通过精心策划和组织的节庆与活动，旅游目的地能够将自身独特的文化魅力以生动、有趣的方式呈现给游客，从而加深游客对地域文化的认知和了解。

富有地域文化特色的节庆与活动往往具有深厚的历史和文化内涵。例如，庙会可能起源于古代的祭祀活动，经过漫长的历史演变，逐渐融入了民间艺术、商贸交流等多种元素，成为展现地域文化多样性的重要窗口。文化节可能聚焦于某一特定的文化主题，如非物质文化遗产展示、地方美食文化节等，通过集中展示和体验，让游客在短时间内深入了解地域文化的某一侧面。民俗活动更是直接反映了当地人民的生活习惯和传统文化，如舞龙舞狮、踩高跷、赛龙舟等，这些活动不仅具有极高的观赏价值，更能让游客亲身参与其中，体验地域文化的独特魅力。

这些节庆与活动的举办，不仅为游客提供了丰富多彩的旅游体验，也为地域文化的传播和交流创造了有利条件。在参与活动过程中，游客可以通过观看表演、品尝美食、购买纪念品等方式，全方位地感受地域文化的魅力。同时，节庆与活动的举办往往伴随着媒介的广泛报道和社交网络的热议，从而进一步地扩大了地域文化的影响力和知名度。值得一提的是，旅游节庆与活动的成功举办还能够有效地促进当地经济的发展和社区的繁荣。通过吸引大量游客前来参与和消费，这些活动不仅为当地带来了可观的旅游收入，也为当地居民提供了更多的就业和发展机会。同时，节庆与活动的举办还能够增强社区的凝聚力和文化认同感，促进地域文化的传承和发展。

旅游节庆与活动是地域文化传播的重要载体和平台。通过精心策划和组织富有地域文化特色的节庆与活动，旅游目的地不仅能够为游客提供丰富多彩的旅游体验，更能够有效地促进地域文化的传播和交流，推动当地经济的繁荣和社区的发展。

旅游文化传播通过旅游线路与产品的文化设计、导游的文化讲解服务、文化展览与民俗表演、旅游纪念品与文创产品以及旅游节庆与活动等多种方式，将地域文化的魅力展现给游客，促进地域文化的传播和交流。在未来的旅游发展中，我们应当继续挖掘地域文化的潜力，创新旅游文化传播的方式和方法，为地域文化的传承和发展贡献更大的力量。

四、教育传播

教育既是地域文化传播的基石，也是确保地域文化得以长远传承和发展的重要途径。通过将地域文化融入学校教育体系，以及开展各种相关的课程和活动，不仅能够增进学生对地域文化的认同感和自豪感，还能培养他们对多元文化的理解和尊重。进一步来说，通过对外交流与合作项目，地域文化的传播可以跨越国界，走进更多国家或地区的教育领域，从而扩大其国际影响力。

具体来说，教育传播地域文化包括以下五个方面内容。

1. 地域文化课程的开发与实施

地域文化课程的开发与实施是学校教育体系中一项至关重要的任务，它旨在将丰富多彩的地域文化融入日常教学之中，从而培养学生对本土文化的认同感和自豪感。这一过程的实施涉及多个方面，包括课程设置、教材编写以及专家资源的引入。

在课程设置方面，学校需要精心设计和规划一系列与地域文化紧密相关的课程。这些课程可以涵盖地方历史、民俗艺术、传统工艺等多个领域，旨在为学生提供全面而深入的文化学习体验。例如，地方历史课程可以帮助学生了解所在地区的发展脉络和重要历史事件，民俗艺术课程可以引导学生欣赏和学习当地的民间艺术和音乐传统。通过这样的课程设置，学校能够将地域文化的精髓和特色融入教学之中，让学生在学习过程中感受到本土文化的独特魅力。

教材编写是地域文化课程实施的关键环节。为了确保教学内容的质量和准确性，学校需要组织专业的教师团队和地域文化专家共同编写反映地域文化的教材和教辅资料。这些教材应该紧密结合当地的文化资源和特色，以生动有趣的方式呈现地域文化的丰富内涵。同时，教辅资料也可以包括多媒介资源、实地考察指南等，以帮助学生更加直观和深入地了解地域文化。

邀请地域文化专家、艺术家和传承人进校园是地域文化课程实施中的一项重要举措。这些专家和艺术家通常具有深厚的地域文化背景和丰富的实践经验，他们可以通过讲座、工作坊或现场表演等形式，为学生带来生动而真实的地域文化体验。通过与这些专家的互动和交流，学生不仅可以深入了解地域文化的细节和技巧，还能激发对本土文化的热爱和兴趣。同时，学校也可以借此机会建立与当地文化机构和社区的合作关系，共同推动地域文化的传承和发展。

地域文化课程的开发与实施是一项系统性工程，需要学校、教师、专家和社区等多方面的共同努力。通过精心设置课程、编写教材和引入专家资源，学校可以将地域文化的瑰宝传承给下一代，培养他们对本土文化的认同感和自豪感。这不仅有助于提升学生的文化素养和审美能力，还能为地域文化的传承和发展奠定坚实的基础。

2. 校园活动与地域文化的结合

校园活动与地域文化的结合，是学校教育体系中促进学生了解和体验本土文化的重要方式。通过将地域文化的元素融入校园活动，不仅可以增强学生的文化素养，还能激发他们的参与热情和实践能力。

学校可以定期或不定期地组织以地域文化为主题的校园活动。比如，举办文化节是展示各地文化特色的绝佳机会。在这样的活动中，可以设立多个展区，展示当地的历史文物、传统手工艺品、民俗服饰等，让学生近距离地接触和了解本土文化。艺术展览是展示地域艺术成果的平台，学校可以邀请当地的艺术家或学生展示自己的作品，如绘画、雕塑、摄影等作品，以此展现地域文化的艺术魅力。此外，庆祝传统节日也是校园活动中不可或缺的一部分，如春节、中秋节、端午节等，学校可以组织相关的庆祝活动，如舞龙舞狮、赏月、包粽子等，让学生在欢乐的氛围中感受传统文化的韵味。

除了校园内的活动，学校还应鼓励学生积极参与地域文化的实践体验。实地考察是一种非常有效的方式，学校可以组织学生参观当地的历史遗址、博物馆、传统工坊等，让他们亲身感受地域文化的深厚底蕴。社区服务也是培养学生社会责任感和文化认同感的重要途径，学校可以引导学生参与当地的文化保护、传承和推广项目，如非物质文化遗产的传承、民间艺术的表演等。此外，学校还可以与其他地区或国家的学校建立合作关系，开展文化交流活动，如互访交流、研学旅行等，让学生在更广阔的舞台上展示和传播本土文化。

通过这些校园活动与实践体验的结合，学生可以更加全面和深入地了解地域文化的丰富内涵和独特魅力。这种结合不仅有助于提升学生的文化素养和审美能力，还能培养他们的实践能力和创新精神。同时，这为地域文化的传承和发展注入了新的活力，让它在年轻一代中得以传承和发扬光大。

3. 师资培训与地域文化素养提升

师资培训与地域文化素养提升是确保地域文化有效地融入学校教育体系并

得以传承的关键环节。教师作为学生学习过程中的引导者和启蒙者，他们的地域文化素养和教学能力直接影响着学生对地域文化的认知和理解。

对教师进行地域文化知识的培训是至关重要的。地域文化涵盖了历史、民俗、艺术、工艺等多个方面，具有深厚的历史底蕴和丰富的文化内涵。通过系统的培训，教师可以全面了解地域文化的起源、发展和特点，掌握相关的历史典故、民俗风情和艺术形式。这样的培训可以通过专题讲座、研讨会、实地考察等形式进行，邀请地域文化专家、学者和传承人分享他们的知识和经验，与教师进行深入的交流和探讨。

提升教师在地域文化教育方面的专业素养也是必不可少的。教师需要具备将地域文化知识与教育教学相结合的能力，能够将地域文化元素巧妙地融入日常教学中。为此，可以通过教学案例分析、教学方法研讨等方式，帮助教师掌握如何将地域文化内容与学科教学相结合，设计出生动有趣、富有地域特色的教学活动和课例。同时，鼓励教师进行教学反思和经验分享，不断提升自己的教学水平和地域文化素养。

创新教学方法和手段也是提升地域文化教育效果的重要途径。教师可以利用现代教育技术，如多媒介、网络等，将地域文化以更加直观、生动的方式呈现给学生。例如，利用视频、音频等多媒介资源展示地域文化的历史场景和民间艺术表演，让学生身临其境地感受地域文化的魅力。同时，教师可以采用项目式学习、研学旅行等创新教学方式，引导学生主动探究和体验地域文化，培养他们的实践能力和创新精神。

师资培训与地域文化素养提升是地域文化教育的重要组成部分。通过系统的培训和教学实践，教师可以不断提升自己的地域文化素养和教学能力，将地域文化有效地融入学校教育体系中，为培养具有地域文化认同感和自豪感的学生奠定坚实的基础。

4. 对外交流与合作项目的开展

对外交流与合作项目的开展是促进地域文化国际传播、拓宽师生国际视野的重要途径。通过与其他国家或地区的学校建立合作关系、组织师生参与各类国际文化交流活动以及在国际平台上展示和传播地域文化，可以有效地推动地域文化走向世界，增进不同文化之间的相互理解和尊重。

学校可以积极寻求与其他国家或地区的学校建立合作关系，共同开展地域文化交流项目。这些合作项目可以包括师生互访、共同研究、课程开发等，旨在通过深入的交流与合作，促进双方对彼此地域文化的了解与欣赏。例如，可以组织师生代表团互访，让对方亲身体验和了解本地的历史传统、民俗风情、艺术特色等，同时学习和借鉴对方的文化精粹。这样的互访活动不仅可以增进友谊，还能培养师生的国际视野和跨文化交际能力。

学校可以组织师生参与各种国际文化交流活动，如研学旅行、国际会议、在线交流等。研学旅行是一种寓教于乐的方式，通过实地考察和亲身体验，让学生更加直观地了解不同地域的文化特色和社会风貌。国际会议是展示与传播地域文化的重要平台，学校可以鼓励师生在这些会议上发表研究成果、展示艺术作品或进行文化表演，以此提升地域文化的国际知名度。此外，随着科技的发展，在线交流也成为一种便捷且高效的文化交流方式，学校可以利用网络平台组织师生与国外的同行进行在线讨论、合作研究等活动。

学校应该积极推动地域文化在国际教育会议、研讨会等平台上的展示和传播。这些会议和研讨会通常汇聚了来自世界各地的教育专家和文化学者，是展示地域文化独特魅力和教育价值的重要舞台。学校可以精心策划和组织相关的展示活动，如文化展览、艺术表演、主题演讲等，向与会者全面展示地域文化的丰富内涵和教育实践成果。通过这样的展示和传播，不仅可以提升地域文化的国际影响力，还能为学校带来更多的国际合作机会和资源。

5. 研究与评估

研究与评估在地域文化教育的实施过程中起着至关重要的作用。它们不仅帮助教育者了解教育活动的成效，还为改进和优化教育策略提供了科学依据。

开展地域文化教育效果的研究，可以通过定性和定量的方法，全面评估地域文化教育对学生、教师和社区产生的实际影响。例如，对于学生而言，研究者可以关注他们在地域文化知识、态度、技能等方面的变化，通过问卷调查、访谈或观察等方式收集数据。对于教师而言，可以研究他们在地域文化教学中的专业发展、教学满意度以及教学方法的创新等情况。对于社区而言，可以评估地域文化教育对社区文化认同、文化传承和社区凝聚力的贡献。

评估工作不仅要注重结果，更要关注过程。在实施地域文化教育过程中，定期的评估可以帮助教育者及时发现问题、调整策略，确保教育活动与预定目标保持一致。此外，评估还可以提供反馈信息，让教育者了解哪些方法有效、哪些需要改进，从而不断优化教育实践。

根据评估结果，学校和教育机构可以调整与改进地域文化教育的策略及方法。例如，如果发现某种教学方法对学生特别有吸引力，可以将其推广到其他课程中；如果某项活动未能达到预期效果，可以分析原因并重新设计。这种持续改进的循环过程，有助于确保地域文化教育始终保持与时俱进，最大限度地发挥其对学生、教师和社区的积极影响。

研究与评估是地域文化教育中不可或缺的环节。它们为教育者提供了宝贵的反馈和改进建议，确保了地域文化教育的有效性、相关性和持续性。通过科学的研究和评估，我们可以更加自信地说，地域文化教育正在为我们的学生、教师和社区带来深远而积极的影响。

通过这些努力，教育可以成为地域文化传播的有力推手，不仅在国内而且在国际范围内提升地域文化的知名度和影响力。

五、文化交流活动传播

举办各种形式的文化交流活动是促进地域文化传播、增强文化多样性和推动文化创新的重要途径。这些活动为来自不同地域的人们提供了展示、分享和学习各自文化的机会，有助于其加深相互理解和尊重。文化交流活动通常包括以下六个方面内容。

1. 文化节庆

文化节庆是以地域文化为核心，通过举办各种传统节日庆典、民俗风情展示等活动，旨在增强公众对地域文化的认知和兴趣，促进文化传承与发展的一种重要方式。

在举办文化节庆过程中，学校、社区或相关文化机构通常会结合当地的历史传统和民俗特色，精心策划和组织一系列丰富多彩的活动。这些活动可能包括传统节日的庆典仪式、民俗舞蹈表演、手工艺品展示、特色美食品尝等，让参与者能够身临其境地感受到地域文化的独特魅力。

为了丰富文化节庆的内容，组织者还会邀请来自不同地域的文化艺术团体参与表演。这些团体可能代表着各自地区的文化特色，通过歌舞、戏剧、曲艺等多种形式，向观众展示他们独特的才艺和风情。这样的交流不仅增进了各地文化之间的了解与欣赏，也为文化节庆增添了多元的色彩和活力。

文化节庆活动的举办，对于增强公众对地域文化的认知和兴趣具有显著的作用。通过亲身参与和体验，人们可以更加直观地感受到地域文化的魅力和价值，从而加深对它的认同感和自豪感。同时，文化节庆也为不同地域、不同背景的人们提供了一种交流互动的平台，促进了文化的多样性与包容性发展。

文化节庆是传承和发展地域文化的重要途径之一。通过举办以地域文化为主题的节庆活动，并邀请不同地域的文化艺术团体参与表演，可以有效地增强公众对地域文化的认知和兴趣，推动文化的传承与创新。

2. 艺术展览

艺术展览是展示和传播地域文化艺术的重要方式，通过精心策划和组织，可以将绘画、雕塑、摄影、手工艺品等丰富多彩的艺术作品呈现给公众，让人们更加直观地感受到地域文化的独特魅力和艺术价值。

在策划艺术展览时，组织者通常会结合当地的文化特色和艺术资源，确定一个具有代表性和吸引力的主题。这个主题可能涵盖了地域文化的历史传统、民俗风情、自然景观等多个方面，旨在通过艺术的形式展现地域文化的深厚底蕴和独特魅力。同时，组织者还会积极邀请国内外知名艺术家或地域文化代表性人物参展，他们的作品和影响力可以提升展览的水平与吸引力，为观众带来更加精彩和多元的艺术体验。

艺术展览不仅是一个展示平台，更是一个交流与合作的机会。来自不同地域的艺术家可以在展览期间进行深入的交流和互动，分享彼此的创作经验、艺术理念和地域文化特色。这种交流与合作有助于促进不同地域间艺术家的相互启发和共同进步，推动地域文化艺术的创新与发展。同时，艺术展览也为观众提供了一个欣赏和学习不同地域文化艺术的机会，有助于增进人们对多元文化的认识和尊重。

艺术展览是展示和传播地域文化艺术的重要途径之一。通过策划以地域文化艺术为主题的展览，并邀请国内外知名艺术家和地域文化代表性人物参展，可以促进不同地域间艺术家的交流与合作，提升公众对地域文化的认知和兴趣，推动地域文化艺术的传承与创新。

3. 学术研讨会

学术研讨会是推动地域文化研究深入发展和促进学术交流的重要平台。通过组织关于地域文化的学术研讨会，可以汇聚来自不同领域的专家学者，共同探讨地域文化的内涵、特点、价值以及面临的挑战和机遇。

在学术研讨会上，专家学者会发表自己的研究成果和观点，分享对地域文化的独到见解和深入思考。这些研究成果可能涵盖了地域文化的历史渊源、民俗传统、艺术表现、社会影响等多个方面，有助于全面深入地揭示地域文化的丰富内涵和独特魅力。

为了更加聚焦和深入地探讨地域文化的相关议题，学术研讨会通常会设立专题论坛。这些专题论坛可能围绕地域文化的保护、传承与创新等核心议题展开，邀请相关领域的专家学者进行深入的交流和讨论。通过专题论坛的形式，可以更加系统地梳理和研究地域文化的重要问题，推动相关研究的深入发展。

学术研讨会的举办不仅可以促进地域文化研究的学术交流，还可以为地域文化的保护、传承与创新提供智力支持和理论指导。通过学术研讨，可以汇聚各方智慧和力量，共同推动地域文化的繁荣发展。同时，学术研讨会也可以为相关领域的研究者提供一个展示和交流研究成果的机会，促进学术合作和资源共享。

学术研讨会在地域文化研究中发挥着重要的作用。通过组织关于地域文化的学术研讨会和设立专题论坛，可以推动地域文化研究的深入发展和学术交流，为地域文化的保护、传承与创新贡献力量。

4. 文化互访与交流

文化互访与交流是促进不同地域间文化相互了解、增进友谊、推动共同繁荣的重要途径。通过安排不同地域间的文化代表团互访，可以让人们亲身体验和感受不同地域的文化特色，加深对彼此文化的认知和理解。

在文化互访过程中，代表团通常会参观当地的历史遗迹、文化景点，与当地艺术家、学者和民众进行深入的交流。这样的互访活动不仅有助于增进彼此的了解和友谊，还能促进文化之间的交流与融合，为地域文化的共同繁荣奠定基础。

除了互访活动，开展文化合作项目也是增进地域间文化交流的重要方式。不同地域可以共同举办文艺演出、展览、研讨会等活动，展示各自的文化特色和艺术成果。通过这些合作项目，可以促进艺术家、学者和民众之间的深入交流与合作，推动地域文化的创新与发展。

文化互访与交流对于促进地域文化的共同繁荣具有重要意义。通过相互学习和借鉴，不同地域可以汲取彼此文化的精华，丰富和发展自己的文化内涵。同时，文化互访与交流也有助于打破地域隔阂和偏见，增进人们对多元文化的认同和尊重，推动社会和谐与发展。

文化互访与交流是增进不同地域间文化了解、友谊和共同繁荣的重要途径。通过安排互访活动、开展文化合作项目等方式，可以促进地域间的文化交流与融合，为地域文化的繁荣发展注入新的活力。

5. 多媒介与网络平台利用

在信息时代，多媒介与网络平台已成为文化传播与交流的重要工具。利用互联网和多媒介技术，可以搭建起在线文化交流平台，打破时空限制，实现地域文化在全球范围内的即时共享。

在这样的平台上，可以制作和发布丰富多样的多媒介内容，如视频、音频、图文等，生动展示地域文化的独特魅力。视频可以记录地域风貌、民俗活动、传统手工艺等，让观众身临其境地感受文化的氛围；音频可以传播地域音乐、方言等声音元素，让听众在旋律和语调中领略文化的韵味；图文可以结合精美的图片和详尽的文字说明，深入浅出地介绍地域文化的历史渊源、内涵特点和社会价值。此外，社交媒介和网络平台具有强大的用户黏性和传播力，是扩大地域文化传播范围和影响力的有效途径。通过在这些平台上发布地域文化相关内容，并鼓励用户分享、转发，可以迅速吸引更多人的关注和参与，形成文化传播的良性循环。同时，可以利用这些平台的互动功能，如评论、点赞、投票等，收集用户对地域文化的反馈和建议，为文化的传承和创新提供有益的参考。

多媒介与网络平台利用对于地域文化的传播与发展具有重要意义。它们不仅能够以生动多样的形式展示地域文化的魅力，还能够借助网络的力量将文化传播到更广阔的领域，让更多人了解和欣赏地域文化的独特价值。

6. 教育与培训

教育与培训在地域文化的传承与发展中扮演着至关重要的角色。将文化交流活动与教育相结合，可以组织丰富多样的地域文化讲座、工作坊等培训活动，为公众提供深入学习和亲身体验地域文化的机会。

这些培训活动可以邀请文化传承人、艺术家等专业人士，进校园、进社区进行授课和示范。他们通过分享自己的知识和技艺，向公众传授地域文化的精髓和特色。这样的互动教学方式不仅可以激发公众对地域文化的兴趣，还能提升他们的认知水平和参与能力。

通过教育与培训，公众可以更加全面地了解地域文化的历史渊源、内涵特点和社会价值。他们可以学习传统的手工艺技艺、欣赏地域音乐舞蹈、品味地道美食等，深入感受地域文化的独特魅力。同时，教育与培训还能培养公众的文化自觉和文化自信，激发他们参与地域文化传承与创新的积极性和主动性。此外，教育与培训还可以促进地域文化与现代社会的融合及发展。通过将地域文化与现代科技、教育理念等相结合，可以推动地域文化的创新转型和可持续发展。这样的教育与培训活动不仅有助于传承和弘扬地域文化，还能为地域经济社会的发展注入新的活力和动力。

教育与培训是提升公众对地域文化认知水平和参与能力的重要途径。通过组织丰富多样的培训活动、邀请专业人士授课示范等方式，可以让更多人了解和欣赏地域文化的独特价值，推动地域文化的传承与创新发展。

通过这些文化交流活动，可以有效地促进地域文化的传播与发展，增强文化自信心和凝聚力，推动文化多样性和文化创新的实现。同时，这些活动有助于提升地区的知名度和吸引力，促进经济社会的全面发展。

六、商业与品牌传播

商业与品牌传播在地域文化的推广中扮演着重要角色。通过巧妙地融入地域文化元素，企业可以打造出具有独特魅力和吸引力的商业品牌与形象，进而提升地域文化的知名度和影响力。这种传播方式不仅有助于地方经济的蓬勃发展，更对地域文化的保护和传承起到积极的推动作用。

具体来说，商业与品牌传播在地域文化推广中涉及以下四个方面。

1. 产品设计与包装

产品设计与包装在地域文化传播中扮演着举足轻重的角色。通过精心融入地域文化元素，产品设计与包装不仅能够提升产品的外在美感，更能赋予产品独特的文化内涵，使其在激烈的市场竞争中脱颖而出。具体而言，地域文化元素可以包括具有地方特色的图案、色彩或符号等。这些元素经过巧妙运用，能够成为产品设计与包装中的亮点，吸引消费者的目光。例如，在产品的外观上采用地方特色的图案，如民族图腾、传统纹样等，可以使产品呈现出鲜明的地域特色。同时，运用地域性的色彩搭配，也能够营造出独特的视觉效果，让消费者在第一时间感受到产品的与众不同。

除了提升产品的辨识度，地域文化元素的融入还能够增加产品的附加值。在当今社会，消费者对于产品的需求已经不仅仅局限于实用性，他们更加注重产品的文化内涵和情感价值。通过在产品设计与包装中融入地域文化元素，企业可以将产品与当地的历史、传统、民俗等紧密联系起来，使产品成为传递地域文化的载体。这种文化附加值的提升，不仅能够满足消费者的精神需求，也能够为企业带来更高的经济效益。此外，地域文化元素的融入还能够让消费者在购买过程中感受到地域文化的独特魅力。当消费者看到具有地域特色的产品设计与包装时，他们往往会联想到与该地域相关的美好回忆或情感体验。这种情感共鸣能够拉近消费者与产品之间的距离，增强他们对产品的认同感和购买意愿。

产品设计与包装中融入地域文化元素是一种行之有效的营销策略。通过巧妙地运用地域文化元素，企业可以打造出独具特色的产品形象，提升产品的附加值和市场竞争力。同时，这种策略也有助于推动地域文化的传播和发展，让更多的人了解和欣赏到地域文化的独特魅力。

2. 营销策略

在营销策略中巧妙地融入地域文化，可以为企业带来意想不到的效果。其中，讲述与产品相关的地域故事、传说或历史背景，是一种深受消费者喜爱的情感营销方式。这种方式不仅能够让消费者对产品产生更强烈的情感认同，还能激发他们的购买意愿，从而有助于建立品牌与消费者之间的深厚联系。具体来说，当企业在营销活动中融入地域文化时，可以通过挖掘产品背后的地域故事、传说或历史背景，将这些元素与产品紧密结合，形成独特的营销卖点。这些故事、传说或历史背景往往蕴含着丰富的文化内涵和情感价值，能够触动消费者的内心，引发他们的共鸣。

例如，一款来自特定地区的食品，可以通过讲述该地区的传统制作工艺、独特的食材来源或与当地历史人物的渊源等故事，让消费者感受到这款食品不仅仅是一种味觉的享受，更是一种文化的传承和情感的寄托。这种情感上的共鸣会让消费者对产品产生更强烈的认同感和归属感，从而增加他们的购买意愿。此外，通过地域文化的融入，企业还可以打造更具个性化和差异化的品牌形象。在当今市场竞争日益激烈的环境下，消费者对于品牌的选择越来越注重个性化和差异化。而地域文化正是为企业提供了这样一种独特的资源，通过巧妙地运用地域文化元素，企业可以塑造出独具特色的品牌形象，与竞争对手相比形成鲜明的差异化优势。

将地域文化融入营销策略中是一种行之有效的情感营销方式。通过讲述与产品相关的地域故事、传说或历史背景，企业可以增强消费者对产品的情感认同和购买意愿，建立与消费者之间的深厚联系。同时，这种策略也有助于提升品牌的个性化和差异化形象，为企业在市场竞争中脱颖而出提供有力支持。

3. 品牌形象塑造

将地域文化与品牌形象紧密结合，是企业塑造独具特色品牌形象的重要手段之一。地域文化作为一个地区独特的历史、传统、民俗等元素的集合，具有深厚的文化底蕴和广泛的群众基础。通过将地域文化融入品牌形象中，企业不仅可以借助地域文化的独特魅力提升品牌的吸引力和认知度，还能够与消费者建立更深层次的情感联系。

企业可以通过赞助或参与地域性的文化活动、节庆等方式，展示其对地域文化的支持和尊重。这些活动往往是当地居民广泛关注、积极参与的盛事，具有极高的社会影响力和媒介曝光度。通过赞助或参与这些活动，企业可以将自己的品牌与地域文化紧密地联系在一起，向外界传递出自己对地域文化的重视和传承的决心。例如，企业可以赞助当地具有代表性的民俗节庆活动，并在活动中设置品牌展示区，向参与者介绍品牌和地域文化的结合点，以及品牌在传承和发展地域文化方面所做的努力和成果。这种展示不仅能够让消费者对品牌产生更深刻的印象，还能够提升品牌在当地居民心中的认同感和好感度。

企业还可以通过与地域文化相关的创意设计、产品开发等方式，将地域文化元素融入品牌的视觉形象和产品中。比如，在品牌标志设计中，采用具有地域特色的图案或色彩，或在产品包装上加入地域文化的元素和故事。这些举措都能够让品牌在市场上更具辨识度和吸引力，同时能够加深消费者对品牌与地域文化之间关联的认知。

将地域文化与品牌形象紧密结合是一种有效的品牌塑造策略。通过赞助或参与地域性的文化活动、节庆等方式，企业可以展示其对地域文化的支持和尊重，进而提升品牌形象和声誉。这种策略不仅有助于增强品牌与消费者之间的情感联系，还能够为企业在市场竞争中脱颖而出提供有力支持。

4.跨界合作与联名

和其他地域或行业进行跨界合作与联名，已经成为当前推广地域文化的一种创新且有效的方式。这种合作不仅可以实现资源共享，还能带来互利共赢的局面，有力地推动了地域文化的传播与发展。

跨界合作的核心在于整合不同地域或行业的优势资源，通过共同的努力将地域文化推向更广泛的受众。例如，某个地区特色的手工艺品可以与知名时尚品牌合作，将传统工艺与现代设计相结合，推出联名款产品。这样的合作既保留了地域文化的独特韵味，又赋予了现代时尚的新鲜感，吸引了众多消费者的目光。同样，不同地域之间的文化合作也能够碰撞出新的火花。通过整合各自地域的文化特色，合作双方可以共同打造更具包容性和多元性的文化产品，让消费者在体验中感受到不同地域文化的魅力。这种跨地域的合作有助于打破地域隔阂，促进各地文化的交流与融合。此外，与行业外的其他领域进行联名合作也是推广地域文化的有效途径。例如，旅游业与影视娱乐业的合作，可以通过拍摄以地域文化为主题的影视作品或综艺节目，吸引更多游客前往当地旅游体验。这种合作方式不仅能够提升地域文化的知名度，还能带动当地旅游业的蓬勃发展。

跨界合作与联名推广为地域文化的传播提供了更多可能性和创新思路。通过整合不同地域、不同行业的优势资源，我们可以共同打造更多元化、更具吸引力的文化产品和服务，满足消费者日益增长的精神文化需求。同时，这种合作方式也有助于扩大地域文化的影响范围，让更多的人了解和喜爱各地的独特文化。

商业与品牌传播是地域文化推广的重要手段之一。通过巧妙地在产品、营销、品牌形象等方面融入地域文化元素，企业可以打造出具有独特魅力和竞争力的商业品牌，进而推动地方经济发展和地域文化的传承与保护。

除了以上提到的地域文化传播途径与方式外，我们还应当关注地域文化自身的因素对其传播的影响。

第三节　地域文化传播的影响因素

地域文化传播的影响因素众多且复杂，涉及多个层面，我们可以将其大致分为内部因素和外部因素两大类别来进行分析。

一、内部因素

1.文化资源的丰富程度和独特性

地域文化传播的根基和源泉在于该地区所拥有的文化资源的丰富程度和独特性。这些文化资源包括历史遗迹、传统艺术、民俗风情、地方特产等，它们共同构成了一个地区独特而深厚的文化底蕴。当一个地区拥有丰富多彩、独具特色的文化资源时，这些资源就如同一张张亮丽的名片，向外界展示着该地区独特的文化魅力。

在传播过程中，这些独具特色的文化资源能够迅速地吸引外界的关注和兴趣。人们往往对新鲜、独特的事物充满好奇，而地域文化的独特性正是满足这种好奇心的最佳切入点。通过各种传播渠道，如媒介报道、旅游推广、文化交流活动等，这些文化资源得以广泛传播，让更多的人了解和认识该地区的地域文化。同时，文化资源的丰富程度也为地域文化的传播提供了更多的可能性和选择。一个地区如果拥有众多不同类型的文化资源，就可以根据传播目的和受众需求进行灵活选择和组合。这种多样性和灵活性使得地域文化的传播更加生动、有趣，也更容易产生共鸣和吸引力。因此，地域文化传播首先依赖于该地区文化资源的丰富程度和独特性。一个地区只有充分挖掘和整合自身的文化资源，才能在激烈的文化竞争中脱颖而出，实现地域文化的有效传播和传承。

2.文化传播者的素质和能力

文化传播者在地域文化传播中扮演着举足轻重的角色，他们是连接地域文化与外界受众的桥梁和纽带。文化传播者的素质和能力直接决定了地域文化传播的深度、广度和效果。

传播者对地域文化的理解深度是地域文化传播的基础。只有深入了解和把握地域文化的内涵、历史渊源、特色和价值，传播者才能准确地传递地域文化的精髓和魅力。这种理解深度不仅包括对地域文化的表面知识，更包括对地域文化深层次、多维度的认知和理解。

表达能力也是文化传播者不可或缺的重要素质。无论是通过口头讲述、文字撰写还是视觉呈现，传播者都需要具备清晰、准确、生动地表达地域文化的能力。良好的表达能力可以让受众更直观地感受到地域文化的魅力，增强传播的感染力和吸引力。

创新意识在地域文化传播中同样重要。传统的传播方式和手段可能已经无法满足现代受众的需求，因此传播者需要具备创新意识，不断探索新的传播方式、手段和渠道。通过创新，可以将地域文化与现代科技、艺术等相结合，创造出更具吸引力和时代感的传播形式。

对外交流的技巧也是文化传播者必备的能力之一。地域文化传播往往涉及与不同文化背景的受众进行交流，因此传播者需要具备良好的跨文化交流能力，包括语言沟通、文化理解、礼仪习俗等方面的技巧。这些技巧有助于传播者与受众建立有效的沟通，促进地域文化的广泛传播和认同。

文化传播者的素质和能力对地域文化传播的效果具有决定性的影响。只有具备深厚的地域文化涵养、出色的表达能力、创新意识和对外交流技巧的传播者，才能有效地推动地域文化的传播和发展。

3. 当地居民的参与程度

地域文化的传播不仅是政府和专门机构的责任与任务，当地居民的参与同样占据举足轻重的地位。这是因为地域文化本身就深深植根于当地居民的生活实践之中，是他们日常行为、价值观念和传统习俗的有机组成部分。因此，当居民对地域文化抱有强烈的认同感和自豪感时，他们自然会成为地域文化传播的积极推动者和生动实践者。

认同感和自豪感是居民参与地域文化传播的内在动力。认同感源于居民对地域文化价值的肯定和对自己文化身份的确认，它使居民愿意将地域文化作为自我表达和社会交往的重要资源。而自豪感则进一步地激发了居民传播地域文化的热情和使命感，让他们希望更多的人了解和欣赏自己的文化，从而增强地域文化的社会影响力和美誉度。

在实际传播过程中，当地居民的参与形式多种多样。他们可以通过口头讲述、示范表演、创作展示等方式，向外界介绍和展示地域文化的独特魅力。同时，他们还可以利用社交媒介、网络平台等现代传播工具，将地域文化的内容和信息快速、广泛地传播出去，吸引更多人的关注和参与。此外，当地居民的日常生活本身也是地域文化传播的重要载体。他们的衣食住行、婚丧嫁娶、节庆活动等方方面面都蕴含着丰富的地域文化元素和信息。通过参与这些活动，外界受众可以更加直观、深入地感受和体验地域文化的真实面貌和独特魅力。因此，地域文化的传播离不开当地居民的积极参与和生动实践。只有充分激发和调动居民的认同感与自豪感，让他们成为地域文化传播的主体和力量，才能实现地域文化的有效传播和持续发展。

二、外部因素

1. 政策环境

政策环境在地域文化传播中起着至关重要的作用。政府的政策和专项资金支持是推动地域文化传播的重要力量，它们为地域文化的传承、发展和传播提供了有力的保障与支撑。

文化产业发展政策对地域文化传播具有重要影响。政府通过制定文化产业发展规划、出台优惠扶持政策等措施，鼓励和引导社会资本投入地域文化产业，推动地域文化的产业化发展。这些政策不仅有助于挖掘和整合地域文化资源，还能够促进地域文化产品的创新和市场推广，提升地域文化的竞争力和影响力。

对外文化交流政策也是地域文化传播的重要推动力。政府通过加强同其他国家或地区的文化交流与合作，搭建地域文化展示的平台和渠道，推动地域文化走向世界。这些政策有助于提升地域文化的国际知名度和美誉度，增强地域文化的吸引力和影响力，促进文化多样性和人类文明的进步。

旅游开发政策也为地域文化传播提供了良好的外部环境。政府通过规划旅游线路、开发旅游资源、完善旅游设施等措施，将地域文化与旅游业相结合，打造具有地域特色的旅游品牌。这些政策不仅能够吸引更多游客前往体验和感知地域文化，还能够带动相关产业的发展，促进地域经济的繁荣和社会进步。

政府的政策和专项资金支持对地域文化传播具有重要影响。通过制定和实施文化产业发展政策、对外文化交流政策以及旅游开发政策等措施，政府能够为地域文化传播创造良好的外部环境，推动地域文化的传承、发展和创新。这些政策的实施需要政府、社会各界以及当地居民的共同努力和配合，形成合力，推动地域文化传播的持续发展。

2. 经济发展水平

经济发展水平对地域文化传播具有深远的影响。一个地区的经济实力直接决定了其在文化传播方面的投入和资源配置能力，进而影响着地域文化的传播范围、深度和效果。

经济发达的地区通常拥有更为丰富的物质基础和财政资源，这使得它们有能力在地域文化传播上进行更多的投入。例如，这些地区可以投入更多资金用于文化设施的建设、文化活动的举办以及文化产品的开发和推广。这些举措不仅提升了地域文化的硬件条件，也为文化传播提供了更多的平台和机会。

经济发展水平高的地区往往具备更强的科技实力和创新能力。这些地区可以利用先进的科技手段，如数字化技术、互联网传播等，对地域文化进行现代化、多元化的展示和推广。这种创新性的传播方式不仅拓宽了地域文化的受众范围，也增强了传播的互动性和趣味性，使得地域文化更易于被大众接受和喜爱。

经济发达的地区还更容易吸引和聚集各类优秀人才，包括文化创作者、传播者和管理者等。这些人才具备较高的专业素养和创新能力，他们的聚集为地域文化传播提供了强有力的人才保障和智力支持。通过他们的努力和创意，地域文化能够以更加生动、鲜活的方式呈现给世人。

经济发展水平是影响地域文化传播的重要因素之一。经济发达的地区凭借雄厚的物质基础、科技实力和人才优势，能够更好地推动地域文化的传播和发展。然而，我们也应该看到，经济发展水平并不是决定地域文化传播的唯一因素，还需要与政府政策、社会氛围、居民参与等多方面因素相结合，共同促进地域文化的繁荣和传承。

3. 科技发展水平

科技发展水平对地域文化传播的影响是深远且显著的。随着科技的持续进步，特别是互联网、移动通信、大数据、人工智能等技术的广泛应用，地域文化的传播方式和手段发生了翻天覆地的变化。

互联网技术的普及为地域文化传播打开了全新的窗口。通过网站、社交媒体、博客等网络平台，地域文化可以迅速触及全球的受众。无论是文字、图片、音频还是视频，都能以极低的成本在全球范围内传播，极大地提高了地域文化的可见度和影响力。

移动通信技术的发展，特别是智能手机的普及，使得地域文化传播更加便捷和个性化。人们可以随时随地通过手机 APP、微信公众号等渠道获取地域文化信息，与他人分享和交流。这种即时性和互动性的传播方式，极大地增强了地域文化与受众之间的连接和互动。

大数据技术的应用为地域文化传播提供了精准的用户画像和营销策略。通过对用户数据的分析和挖掘，传播者可以更加准确地了解受众的需求和偏好，从而制定更加有针对性的传播内容和方式。这种个性化的传播策略，不仅提高了地域文化的传播效果，也提升了受众的满意度和忠诚度。

人工智能技术的引入为地域文化传播带来了革命性的创新。例如，通过VR 和 AR 技术，受众可以身临其境地体验地域文化的魅力和特色；智能语音识别和翻译技术打破了语言障碍，使得地域文化能够跨越国家和民族界限进行传播。

科技发展水平对地域文化传播起到了巨大的推动作用。互联网、移动通信、大数据、人工智能等技术的应用，不仅极大地拓展了地域文化传播的空间和速度，也提升了传播的精准度和互动性。随着科技的不断进步和创新，我们有理由相信，地域文化传播将迎来更加美好的明天。

4. 全球化与本土化的冲突及融合

全球化与本土化的冲突及融合是地域文化传播在当代社会面临的重要议题。全球化作为一股不可逆转的历史潮流，促进了不同地域、民族和国家间文化的广泛交流与传播，极大地丰富了人类的文化生活。然而，全球化也带来了文化同质化的风险，使得许多地域文化的独特性和多样性受到挑战。

全球化趋势推动了文化的标准化和一致性，这主要体现在流行文化、消费模式、生活方式等方面的趋同。地域文化在这样的背景下往往面临着被边缘化甚至消失的危险。一些传统的手工艺、民俗、语言等可能逐渐失去生存空间，被更加普及和全球化的文化产品所取代。然而，地域文化作为人类文化多样性的重要组成部分，其传播与保护具有极其重要的意义。地域文化不仅承载着特定地区的历史记忆和民族情感，也是人们认同感和归属感的来源。因此，在全球化背景下，地域文化传播的关键在于如何在保持自身特色的基础上，与全球化趋势相融合。

这种融合并非简单地模仿或者照搬外来文化，而是要在深入理解和挖掘地域文化核心价值的基础上，运用全球化的传播手段和资源，将地域文化的魅力展现给更广泛的受众。例如，通过影视作品、音乐、艺术作品等具有国际影响力的文化产品，将地域文化的特色元素融入其中，既保留了地域文化的独特性，又使其能够与全球化语境下的受众产生共鸣。此外，地域文化的传播还需要借助教育、旅游、国际文化交流等多元化渠道。通过教育和培训，提高当地居民对自身文化的认识和自豪感，激发他们传播地域文化的积极性。同时，发展旅游业和国际文化交流项目，为地域文化的传播创造更多的平台和机会。

全球化与本土化的冲突及融合对地域文化传播产生了深远的影响。在应对全球化的挑战时，地域文化传播需要坚持自身的特色和价值，同时积极拥抱全球化的机遇，创新方式和手段，实现地域文化与全球化趋势的和谐共存和共同发展。

5. 社会文化背景

社会文化背景是地域文化传播过程中不可忽视的关键因素，它深刻地塑造了一个地域文化的独特性和特征，同时对外界对该文化的接受和理解方式产生深远的影响。社会文化背景涵盖了诸多方面，包括价值观念、宗教信仰、风俗习惯等，这些都是地域文化在长期发展中所形成的精神内核和外在表现。

价值观念是地域文化的核心组成部分，它决定了地域内人们的行为准则、道德标准和生活方式。不同的地域由于历史、地理、民族等多种因素的综合作用，形成了各具特色的价值观念体系。这些价值观念在地域文化传播中起着重要的导向作用，影响着外界对该地域文化的整体认知和评价。例如，某些地域强调个人自由与独立，而另一些地域则更注重集体意识和家族观念。这些差异使得不同地域的文化在传播过程中呈现出鲜明的个性特征。

宗教信仰也是影响地域文化传播的重要因素之一。宗教信仰作为人类精神生活的重要组成部分，对地域文化的形成和发展产生着深远的影响。宗教信仰不仅塑造了地域内人们的思维方式和生活习惯，还在很大程度上决定了地域文化的传播方向和受众范围。例如，某些宗教信仰强调神秘主义和超脱世俗的追求，这使得其相关的地域文化在传播过程中更容易吸引具有相似信仰背景的受众。

风俗习惯作为地域文化的一种外在表现形式，同样对地域文化传播产生着重要影响。风俗习惯是地域内人们在长期生活实践中形成的一种约定俗成的行为模式和生活方式，它反映了地域文化的独特性和多样性。在地域文化传播过程中，风俗习惯往往成为外界了解和体验地域文化的重要途径之一。通过参与和体验地域的风俗习惯，外界受众能够更加直观地感受到地域文化的魅力和特色，从而加深对地域文化的认知和理解。

社会文化背景在地域文化传播中扮演着举足轻重的角色。包括价值观念、宗教信仰、风俗习惯等在内的社会文化背景因素，不仅塑造了地域文化的独特性和特征，还直接影响了外界对该文化的接受程度和理解方式。

因此，在地域文化传播过程中，应充分考虑和尊重不同地域的社会文化背景差异，理顺媒介融合与地域文化传播之间的关系，以实现更加精准和有效的文化传播。

第三章　媒介融合与地域文化传播的关系

媒介融合作为当今信息传播领域的重要趋势，对地域文化传播产生了深远的影响。媒介融合不仅改变了传统地域文化传播的方式和手段，更在一定程度上重塑了地域文化的传播生态，促进了地域文化的传播与发展。

第一节　媒介融合对地域文化传播的影响

媒介融合通过整合多种传播媒介，打破了传统媒介与新媒介之间的壁垒，实现了传播资源的共享和优化配置。这种融合不仅体现在传播技术层面，更包括传播理念的转换以及内容融合、文化融合等多个方面。

一、传播渠道的拓宽与优化

媒介融合对地域文化传播的影响在传播渠道的拓宽与优化方面表现得尤为显著。

1. 跨媒介平台的整合

跨媒介平台的整合是媒介融合过程中的一个核心环节，它极大地促进了不同媒介平台间的互联互通和资源共享。在地域文化传播语境下，这种整合显得尤为重要，因为它能够帮助地域文化突破传统传播方式的局限，实现更广泛、更深入的传播。

媒介融合通过技术手段将新闻媒介网站、社交媒介、移动应用等不同的媒体平台有机地结合在一起，形成了一个庞大而复杂的传播网络。在这个网络中，地域文化内容可以以文字、图片、音频、视频等多种形式存在，并通过超链接、嵌入、分享等方式在不同的平台间自由流动。这种跨媒介平台的整合不仅大大提升了地域文化的传播效果，还显著加强了受众之间的互动和参与度。一方面，通过整合不同的媒介平台，地域文化内容可以获得更多的曝光机会和传播渠道，从而覆盖更广泛的受众群体。无论是通过新闻媒介网站的深度报道，还是通过社交媒介的即时分享，抑或是通过移动应用的个性化推送，地域文化都能够以更加多元、立体的方式呈现在受众面前。另一方面，跨媒介平台的整合也为受众提供了更多参与和互动的机会。受众不再是被动的信息接收者，而是可以主动参与到地域文化的传播过程中。他们可以在社交媒介上发表自己的观点和感受，与其他受众进行交流和讨论；也可以通过移动应用参与到地域文化的互动游戏中，体验地域文化的独特魅力；还可以通过新闻媒介网站的评论区或在线调查等方式，为地域文化的传播提供宝贵的反馈和建议。

跨媒介平台的整合是媒介融合在地域文化传播方面的一种重要体现。它通过打破不同媒介平台间的壁垒和界限，实现了地域文化内容的跨平台传播和受众的全方位互动参与。这种整合不仅提升了地域文化的传播效果和影响力，还为地域文化的传承和发展注入了新的活力和动力。

2. 多媒介内容的创新

在媒介融合的时代背景下，地域文化的传播方式发生了翻天覆地的变化。传统的以文字和图片为主的传播手段虽然仍然重要，但已经无法满足现代受众日益多样化的信息需求。因此，多媒介内容的创新应运而生，为地域文化传播注入了新的活力。

多媒介内容的创新主要体现在对音频、视频、动画等多媒介元素的巧妙运用上。这些元素不仅能够以更加直观、生动的方式展现地域文化的独特魅力，还能够通过丰富的视听效果增强受众的感知体验和记忆深度。例如，通过精心制作的视频短片，受众可以身临其境地感受到地域文化的风土人情和历史底蕴；通过悦耳动听的音频资料，受众可以更加深入地了解地域文化的语言特色和音乐风格；通过生动有趣的动画演示，受众可以在轻松愉快的氛围中学习地域文化的传统技艺和民间故事。这种多媒介内容的创新不仅使得地域文化的呈现更加生动、立体，还极大地提升了受众的参与度和沉浸感。受众不再是被动的信息接收者，而是可以主动参与到地域文化的传播过程中，与多媒介内容进行深度的互动和交流。这种参与和互动不仅增强了受众对地域文化的认知和了解，还激发了他们对地域文化的兴趣和热爱。

多媒介内容的创新是媒介融合在地域文化传播方面的一个重要成果。它通过对音频、视频、动画等多媒介元素的巧妙运用，使得地域文化的传播更加生动、立体、有趣，增强了受众的感知体验和记忆深度。这种创新不仅提升了地域文化的传播效果和影响力，还为地域文化的传承和发展开辟了新的道路。

3. 传播速度的提升

传播速度的提升是媒介融合带给地域文化传播的一大显著优势。在传统媒介时代，地域文化的传播往往受到时间、空间等多重因素的限制，导致信息传播速度缓慢，无法及时触达广泛的受众群体。然而，在媒介融合背景下，互联网技术的广泛应用彻底打破了这一束缚。

借助互联网技术，地域文化的相关资讯、活动、作品等可以实现几乎实时的传播。无论是通过新闻网站、社交媒介还是通过移动应用，地域文化的信息都可以在短时间内迅速扩散到全球范围，大大减少了传播的时间成本。这种即时性的传播方式不仅让受众能够在第一时间了解和接触到地域文化的最新动态，还为地域文化的推广和保护提供了有力的支持。

在推广方面，实时传播使得地域文化的活动、展览、演出等能够在更短的时间内吸引更多人的关注和参与。通过互联网平台的即时推送和分享功能，地域文化的精彩瞬间可以被迅速捕捉并传播给更多的人，从而扩大其影响力和知名度。这种高效的传播方式对于提升地域文化的品牌形象和吸引力具有至关重要的作用。

在保护方面，实时传播有助于记录和保存地域文化的珍贵瞬间。通过数字技术，地域文化的历史遗迹、传统技艺、民间故事等可以被转化为数字资料，并在互联网上实现永久保存和广泛共享。这种数字化的保存方式不仅为后人留下了宝贵的历史见证，还为地域文化的传承和发展提供了新的可能。

传播速度的提升是媒介融合在地域文化传播方面取得的重要成果之一。它借助互联网技术的力量，实现了地域文化信息的实时传播和全球共享，为地域文化的推广和保护提供了强大的支持。这种即时性的传播方式不仅提升了地域文化的传播效率和影响力，还为地域文化的未来发展注入了新的活力和希望。

4. 受众定位的精准化

受众定位的精准化是媒介融合时代地域文化传播的一个重要特征。在数字化、网络化的信息传播环境下，大数据分析和用户画像技术为地域文化传播者提供了强大的工具，使他们能够更深入地了解目标受众，实现更精准的受众定位。

大数据分析通过对海量数据的挖掘和分析，可以揭示出受众的兴趣爱好、信息需求、消费习惯等多方面的特征。这些特征数据为地域文化传播者描绘出一幅幅生动的受众画像，使他们能够更准确地把握目标受众的特点和需求。同时，用户画像技术进一步地将这些数据分析结果转化为可操作的传播策略，帮助传播者制定更符合受众口味和需求的传播内容和方式。

在这种精准化的受众定位下，地域文化的传播策略变得更加个性化和有针对性。传播者可以根据目标受众的兴趣和需求，定制专属的传播内容，选择更合适的传播渠道和时间节点，以最大限度地吸引受众的注意力。例如，对于对特定地域文化有浓厚兴趣的受众群体，传播者可以推出深度报道、专题研究等更具深度的内容；对于年轻受众群体，可以运用短视频、社交媒介等更具互动性和娱乐性的传播方式。

受众定位的精准化不仅提高了地域文化传播的针对性和有效性，还增强了受众与传播者之间的互动和黏性。当受众感受到传播内容与自己的兴趣和需求高度契合时，他们更愿意与传播者进行互动和交流，分享自己的观点和感受。这种互动和反馈又进一步为地域文化的传播提供了宝贵的参考和依据，推动传播策略不断优化和调整。

受众定位的精准化是媒介融合在地域文化传播方面的一个重要创新。它借助大数据分析和用户画像技术的力量，实现了对目标受众的深入了解和精准定位，为地域文化的传播提供了更具针对性和有效性的策略支持。这种精准化的传播方式不仅提升了地域文化的传播效果，还为地域文化的传承和发展注入了新的活力和动力。

5. 互动性的增强

互动性的增强是媒介融合赋予地域文化传播的一大鲜明特色。在传统媒介时代，地域文化的传播往往是单向的，受众只能被动地接收信息，而无法直接参与到传播过程中。然而，在媒介融合背景下，这种单向的传播模式被彻底打破，受众的参与和反馈成为传播过程中不可或缺的一部分。

在地域文化传播过程中，媒介融合注重为受众提供多样化的互动渠道。无论是通过新闻网站、社交媒介还是通过移动应用，受众都可以方便地与传播者进行互动，表达自己的观点和感受。他们可以通过评论功能对传播内容发表自己的看法，可以通过点赞或分享来表达对地域文化的喜爱和支持，甚至可以通过在线调查或投票等方式参与到地域文化活动的策划和决策中。这种互动性的增强不仅提升了受众的参与感和归属感，使他们更加积极地参与到地域文化的传播和推广中，还为地域文化传播提供了宝贵的反馈和建议。受众的反馈往往能够直接反映出传播效果的好坏，以及受众对地域文化的认知和需求。传播者可以根据受众的反馈及时调整传播策略，优化传播内容，从而提高传播的针对性和有效性。同时，互动性的增强也有助于建立起传播者与受众之间的信任和情感联系。当受众感受到自己的声音被重视和回应时，他们会对传播者产生更多的好感和信任，从而更加愿意接受和传播地域文化的信息。这种信任和情感联系不仅有助于提升地域文化的品牌形象和影响力，还为地域文化的长远发展奠定了坚实的基础。

互动性的增强是媒介融合在地域文化传播方面取得的重要成果之一。它通过为受众提供多样化的互动渠道，鼓励受众积极参与到地域文化传播过程中，不仅提升了受众的参与感和归属感，还为地域文化传播提供了宝贵的反馈和建议。这种互动性的传播方式不仅优化了传播效果，还建立起传播者与受众之间的信任和情感联系，为地域文化的传承和发展注入了新的活力和动力。

媒介融合通过跨媒介平台的整合、多媒介内容的创新、传播速度的提升、受众定位的精准化以及互动性的增强等方面，实现了对地域文化传播渠道的拓宽与优化。这些影响有助于地域文化在更广阔的范围内传播，增强其影响力和生命力。

二、传播内容的丰富与创新

媒介融合对地域文化传播内容的丰富与创新产生了深远的影响。通过融合不同的媒介形态和引入现代科技手段，地域文化的传播内容得以更加多元化、创新化地呈现。

1.多媒介叙事

多媒介叙事是媒介融合时代地域文化传播的一种重要创新方式。在传统媒介时代，地域文化的叙事往往受限于单一的文字或图片形式，难以充分展现其丰富性和多样性。然而，随着媒介融合的发展，文字、图片、音频、视频等多种媒介元素得以有机结合，为地域文化的叙事提供了更加广阔的舞台。

通过多媒介叙事，地域文化的传播者可以运用多种媒介元素来构建更加立体、生动的地域文化故事。文字可以描绘出地域文化的历史背景和人物形象，图片可以展现出地域文化的风土人情和自然景观，音频可以传达出地域文化的语言特色和音乐韵律，视频可以以更加直观、动态的方式呈现地域文化的活动和场景。这些媒介元素的有机结合，使得地域文化的叙事更加丰富多彩，更具吸引力和感染力。

多媒介叙事方式的优势在于它能够更全面地展现地域文化的多个层面。通过综合运用各种媒介元素，传播者可以将地域文化的历史渊源、风土人情、独特魅力等方方面面都融入叙事之中，使受众能够更加深入、全面地了解和感受地域文化的独特魅力。这种全方位的展示方式不仅可以增强受众对地域文化的认知和了解，还可以激发他们对地域文化的兴趣和热爱。此外，多媒介叙事还具有更强的互动性和参与性。在多媒介叙事过程中，受众可以通过评论、点赞、分享等方式与传播者进行互动，表达自己的观点和感受。同时，多媒介叙事还可以设置互动环节，引导受众参与到叙事中，如通过投票选择故事走向、参与角色扮演等。这种互动和参与不仅提升了受众的体验感和参与感，还使得地域文化的传播更加具有活力和吸引力。

多媒介叙事是媒介融合在地域文化传播方面的一种重要创新方式。它通过综合运用多种媒介元素，构建更加立体、生动的地域文化故事，使得地域文化的叙事更加丰富多彩、更具吸引力和感染力。这种多媒介叙事方式不仅可以更全面地展现地域文化的独特魅力，还可以提升受众的体验感和参与感，为地域文化传播注入新的活力和动力。

2. 交互式内容设计

交互式内容设计是媒介融合时代地域文化传播的一种创新策略，它强调受众的参与和体验，通过设计各种互动环节，使受众能够更深入地了解和感受地域文化。这种设计方式不仅提升了受众的参与度，也显著增强了地域文化的传播效果。

在交互式内容设计中，传播者可以运用各种技术手段，如在线问答、虚拟实景体验、互动式地图等，为受众打造沉浸式的体验环境。例如，在线问答可以让受众即时获取关于地域文化的知识，满足他们的好奇心和求知欲；虚拟实景体验可以让受众身临其境地感受地域文化的风土人情，增强他们的感知体验；互动式地图可以引导受众探索地域文化的地理分布和特色，提升他们的空间认知能力。这种交互式内容设计极大地提升了受众的参与度。受众不再是被动的信息接受者，而是可以主动参与到传播过程中，与传播内容进行深度的互动。这种参与不仅让受众更加深入地了解和感受地域文化，还激发了他们对地域文化的兴趣和热爱，从而增强了地域文化的传播效果。同时，交互式内容设计也有助于提升地域文化的品牌形象和知名度。当受众对交互式内容产生良好的体验和感受时，他们会更愿意分享和传播这些内容，从而扩大地域文化的影响力和知名度。这种口碑传播的方式往往比传统的广告宣传更加有效和可信。

交互式内容设计是媒介融合在地域文化传播方面的一种重要创新策略。它通过设计各种互动环节，提升受众的参与度和体验感受，使地域文化传播更加生动、有趣和有效。这种创新策略不仅增强了受众对地域文化的认知和了解，还为地域文化的传承和发展注入了新的活力和动力。

3. 数字化保护与传承

数字化保护与传承是媒介融合时代地域文化发展的重要方向。媒介融合通过整合各种传播渠道和技术手段，为地域文化的数字化保护和传承提供了有力的支持。

数字化技术可以将珍贵的地域文化资料转化为数字格式，实现长期保存和广泛传播。传统的地域文化资料，如图书、手稿、图片、音像等，往往受限于物理形态和存储条件，难以长期保存和广泛共享。而通过数字化扫描、录入和存储技术，这些珍贵的资料可以被完整地转化为数字格式，存储在计算机或云端，实现永久保存和全球范围内的访问。这不仅为地域文化的传承提供了可靠的数据基础，还为研究者、学者和公众提供了更加便捷、全面的学习与了解地域文化的途径。

媒介融合借助 VR 和 AR 等现代科技手段，实现地域文化的虚拟展示和互动体验。通过这些技术，可以构建出地域文化的三维场景和虚拟空间，让受众身临其境地感受地域文化的历史风貌、建筑景观、民俗风情等。受众可以通过 VR 眼镜或 AR 设备，与虚拟场景进行互动，如参观历史遗址、体验传统技艺、参与虚拟活动等。这种沉浸式的体验方式，不仅增强了受众对地域文化的感知和理解，还为地域文化的传承和发展开辟了新的途径。受众可以通过虚拟展示和互动体验，更加深入地了解和感受地域文化的独特魅力，从而激发对地域文化的兴趣和热爱。

　　数字化保护与传承是媒介融合在地域文化发展方面的重要贡献。通过数字化技术和现代科技手段的应用，地域文化得以长期保存、广泛传播和深入体验，为地域文化的传承和发展提供了有力的支持。这种数字化的保护和传承方式，不仅为后人留下了宝贵的历史文化遗产，还为地域文化的创新和发展注入了新的活力和动力。

　　4. 跨文化传播

　　跨文化传播是媒介融合时代地域文化发展的一个重要特征。在全球化大背景下，媒介融合通过整合各种传播渠道和技术手段，打破了地域文化的传播界限，促进了不同地域、不同民族之间的文化交流与融合。

　　媒介融合为地域文化的跨文化传播提供了技术支持。通过互联网、卫星通信等现代传播技术，地域文化的内容可以迅速传播到全球各地，让不同地域、不同民族的人们都能够接触并了解其他地域的文化。这种跨地域的传播方式极大地拓展了地域文化的影响范围，促进了文化多样性的展现。

　　翻译和改编是媒介融合实现跨文化传播的重要手段。由于不同地域、不同民族的语言和文化背景存在差异，直接传播原始的地域文化内容可能难以被其他地域的受众所理解和接受。因此，需要通过翻译将地域文化的内容转化为其他语言，以便更广泛的受众群体能够理解和接受。同时，为了适应不同地域受众的文化背景和审美习惯，还可以对地域文化的内容进行改编，使其更符合目标受众的口味和需求。这种跨文化传播的方式有助于增进不同地域、不同民族之间的相互了解和尊重。当人们接触到其他地域的文化时，他们可能会发现这些文化与自己的文化既有着相似之处，也有着独特之处。这种发现可以促使人们更加包容和尊重其他地域的文化，从而推动文化多样性的发展。同时，跨文化传播还可以促进不同地域之间的文化交流与合作，为地域文化的创新和发展提供新的思路和灵感。

　　跨文化传播是媒介融合在地域文化发展方面的重要贡献之一。通过打破地域界限、运用现代传播技术、进行翻译和改编等方式，媒介融合促进了不同地域、不同民族之间的文化交流与融合，实现了跨文化的传播与共享。这种跨文化传播方式不仅拓展了地域文化的影响范围，还增进了不同地域、不同民族之间的相互了解和尊重，为地域文化的传承和发展注入了新的活力和动力。

5. 用户生成内容的挖掘与利用

用户生成内容的挖掘与利用是媒介融合时代地域文化传播的新策略。在传统媒介时代，受众往往只是信息的被动接收者，他们的声音和创意很难被传播者所捕捉和利用。然而，在媒介融合背景下，随着社交媒介等平台的兴起，受众的角色发生了显著变化，他们不仅可以接收信息，还可以成为信息的生产者和传播者。

在地域文化传播过程中，受众通过社交媒介等平台分享关于地域文化的照片、视频、故事、评论等，这些内容富含了他们的个人视角、情感体验和创意表达。它们不仅反映了受众对地域文化的认知和理解，还为地域文化的传播提供了新的素材和视角。

传播者可以积极挖掘这些用户生成的内容，通过筛选、整合和再加工，将其融入地域文化的传播中。例如，可以将受众分享的照片和视频制作成地域文化的宣传片或纪录片，将受众的故事和评论整理成地域文化的口述历史或旅游指南。这种挖掘和利用方式不仅可以丰富地域文化的传播内容，还可以增加传播的真实性和可信度，因为受众生成的内容往往更加接地气、更加贴近受众的实际需求。同时，挖掘和利用用户生成的内容，还可以激发受众的参与感和归属感。当受众看到自己的内容被传播者所采纳和展示时，他们会感到自己的声音被重视和回应，从而更加积极地参与到地域文化的传播中。这种参与和互动不仅可以提升地域文化的品牌形象和知名度，还可以为地域文化的长远发展奠定坚实的群众基础。

用户生成内容的挖掘与利用是媒介融合时代地域文化传播的新策略。通过挖掘与利用受众生成的内容，传播者可以丰富地域文化传播内容、增加传播的真实性和可信度、激发受众的参与感和归属感，为地域文化传播注入新的活力和创意。这种策略不仅提升了地域文化的传播效果，还促进了传播者与受众之间的互动和信任关系的建立。

媒介融合通过多媒介叙事、交互式内容设计、数字化保护与传承、跨文化传播以及用户生成内容的挖掘与利用等方面，丰富了地域文化的传播内容并推动了其创新。这些影响有助于地域文化在更广阔的范围内传播和发展，增强其影响力和生命力。

三、传播效果的增强与提升

媒介融合在地域文化传播中起到关键的作用，它通过整合多种传播资源和手段，显著增强了地域文化的传播效果。

1. 覆盖面的扩大

覆盖面的扩大是媒介融合对地域文化传播带来的革命性变革。在传统媒介时代，由于受到技术和资源的限制，地域文化传播往往受限于特定的地域范围，很难实现跨地区的广泛传播。然而，随着媒介融合的发展，这一限制被彻底打破。

媒介融合通过整合互联网、卫星通信等现代传播技术，构建了一个覆盖全球的传播网络。这个网络以高速、高效、高容量的特点，将地域文化的内容传播到世界的每个角落。人们无论是生活在城市还是生活在乡村，无论是身处发达地区还是身处欠发达地区，只要有相应的终端设备，如手机、电脑、平板等，都能随时随地接触到来自世界各地的地域文化内容。这种覆盖面的扩大不仅极大地拓展了地域文化的影响力和知名度，还促进了不同地域之间的文化交流和碰撞。来自不同地区的地域文化在网络上相互交汇、融合，形成了一种多元、开放、包容的文化氛围。这种氛围使得地域文化的传承和发展更加具有活力和创新力，也为地域文化的全球化传播奠定了基础。同时，覆盖面的扩大还为地域文化的经济价值开发提供了新的机遇。通过全球化的传播网络，地域文化可以更加便捷地走出本地，走向世界，为文化产业、旅游业等的发展注入新的动力和活力。这不仅有助于提升地域文化的品牌价值和知名度，还可以带动相关产业的发展，推动地区经济的繁荣。

媒介融合带来的覆盖面的扩大是地域文化传播的重要里程碑。它通过整合现代传播技术，打破了地域限制，将地域文化传播到全球范围，促进了文化的多元交流和创新发展。这种变革不仅增强了地域文化的生命力和影响力，还为地域文化的全球化传播和经济价值开发提供了无限的可能。

2. 影响力的提升

影响力的提升是媒介融合对地域文化传播产生的显著效果。在传统媒介时代，地域文化传播往往受限于单一的媒介形态，如图书、报纸、电视等，其影响力和传播效果相对有限。然而，在媒介融合背景下，地域文化传播通过整合多种媒介形态，如文字、图片、音频、视频等，形成了强大的合力，显著地提升了其在社会中的认知度和影响力。这种合力的形成得益于媒介融合的多渠道传播策略。通过整合互联网、社交媒介、移动应用等多种传播渠道，地域文化的内容可以更加便捷、快速地触达目标受众。同时，不同媒介形态之间的互补效应也进一步地增强了地域文化的传播效果。例如，文字可以提供深入的背景信息，图片和视频可以直观地展示地域文化的风貌和特色，音频可以传达地域文化的语言和音乐魅力。这种多媒介的传播方式使得地域文化的内容更加丰富、立体和生动，更容易吸引受众的注意力和兴趣。

影响力的提升不仅增强了地域文化在社会中的认知度和影响力，还促进了地域文化与其他文化的交流与融合。当地域文化通过媒介融合的传播方式被更多的人了解和关注时，它就会与其他文化产生更多的交集和对话。这种交流与融合有助于推动文化多样性的发展，促进不同文化之间的相互借鉴和创新。在这个过程中，地域文化不仅可以吸收其他文化的优秀元素，丰富自身的内涵和表现形式，还可以为其他文化提供新的视角和灵感，推动全球文化的繁荣和发展。

通过融合多种媒介形态和传播渠道，媒介融合显著地提升了地域文化在社会中的认知度和影响力。这种提升不仅增强了地域文化的自信心和传承动力，还促进了地域文化和其他文化的交流与融合，推动了文化多样性的发展。这种强大的合力为地域文化的长远发展奠定了坚实的基础，也为全球文化的繁荣和发展注入了新的活力和动力。

3. 互动性的增强

互动性的增强是媒介融合时代地域文化传播的显著特点。在传统媒介时代，地域文化的传播往往是单向的，受众只能被动地接受信息，很难有机会与传播者进行互动和交流。然而，在媒介融合背景下，随着社交媒介、在线论坛等互动平台的兴起，受众的参与和反馈成为地域文化传播不可或缺的一部分。

受众可以通过社交媒介等平台发表自己对地域文化的观点和感受，分享自己的体验和见闻。他们可以对传播者发布的内容进行点赞、评论和转发，与传播者进行实时的互动和交流。这种互动性不仅让受众感到自己的声音被重视和回应，提升了他们的参与感和归属感，还为地域文化传播提供了更加真实、全面的反馈和建议。

对于传播者来说，受众的参与和反馈是宝贵的资源。通过收集和分析受众的评论与反馈，传播者可以更加准确地了解受众的需求和喜好，及时调整传播策略和内容，提高传播效果。同时，受众的创意和建议也可以为地域文化传播注入新的活力和创意，推动地域文化的创新和发展。此外，互动性的增强还有助于建立传播者与受众之间的信任和情感联系。当受众感到自己的反馈被重视和采纳时，他们会更加信任和支持传播者，从而更加积极地参与到地域文化的传播中。这种信任和情感联系不仅可以提升地域文化的品牌形象和知名度，还可以为地域文化的长远发展奠定坚实的群众基础。

互动性的增强是媒介融合时代地域文化传播的重要特征。通过社交媒介、在线论坛等互动平台，受众可以更加便捷地参与到地域文化的传播中，与传播者进行实时的互动和交流。这种互动性不仅提升了受众的参与感和归属感，还为地域文化传播提供了宝贵的反馈和建议，推动了地域文化的创新和发展。

4. 传播效果的评估与优化

传播效果的评估与优化是媒介融合时代地域文化传播的关键环节。在传统媒介时代，由于受到技术和资源的限制，传播者很难对地域文化的传播效果进行准确、全面的评估。然而，在媒介融合背景下，随着大数据、人工智能等技术的广泛应用，传播效果的评估和优化变得更加科学和精准。

媒介融合为地域文化传播提供了丰富的数据来源。通过社交媒介、在线论坛、搜索引擎等渠道，传播者可以收集到大量的受众数据，包括受众的地理位置、兴趣爱好、消费习惯等信息。同时，传播渠道的数据也可以帮助传播者了解地域文化内容在不同平台上的传播效果，如点击率、分享率、评论数等。

基于这些数据，传播者可以运用数据分析技术，对地域文化的传播效果进行准确评估。例如，通过分析受众数据，传播者可以了解不同受众群体对地域文化的需求和偏好，从而更加精准地定位目标受众和传播内容。通过分析传播渠道数据，传播者可以了解哪些渠道对地域文化的传播效果更佳，从而优化传播渠道的组合和投放策略。

根据评估结果，传播者可以对地域文化的传播策略进行优化调整。例如，如果发现某些内容在特定受众群体中反响热烈，传播者可以加大对这些内容的推广力度；如果发现某些传播渠道的效果不佳，传播者可以调整或替换这些渠道，以提高传播效率。这种数据驱动的传播策略有助于提升地域文化传播的精准度和有效性，避免资源的浪费和盲目投放。

传播效果的评估与优化是媒介融合时代地域文化传播的重要环节。通过收集和分析受众数据、传播渠道数据等信息，传播者可以更加准确地评估地域文化的传播效果，并根据评估结果进行优化调整。这种科学、精准的传播策略有助于提升地域文化传播的效果和效率，推动地域文化的传承和发展。

5.品牌效应的形成

品牌效应的形成是媒介融合对地域文化传播产生的积极影响之一。在媒介融合背景下，地域文化可以通过统一的标识、口号、形象等元素的整合和传播，形成独特的品牌效应，从而在受众心中留下深刻的印象。

媒介融合为地域文化的品牌建设提供了多元化的传播渠道和手段。通过互联网、社交媒介、移动应用等媒介平台，地域文化可以更加广泛、快速地触达目标受众，提升品牌的知名度和影响力。同时，多媒介的传播方式也使得地域文化的品牌形象更加立体、生动，更容易吸引受众的注意力和兴趣。

统一的标识、口号、形象等元素的设计有助于地域文化形成独特的品牌辨识度。这些元素是地域文化品牌的重要组成部分，它们以简洁、明快的形式传递出地域文化的核心理念和特色，使受众能够在众多文化品牌中轻松识别出地域文化的品牌形象。这种品牌辨识度不仅提升了地域文化在受众心中的记忆度，还为地域文化的传播和推广提供了便利。

品牌效应的形成为地域文化的商业化开发提供了可能。当地域文化形成独特的品牌效应后，它就可以通过品牌授权、文化产品开发等方式进行商业化运作，将品牌效应转化为经济价值。这种商业化开发不仅可以进一步推动地域文化的传播和发展，还可以为地区经济的繁荣注入新的动力。

媒介融合有助于地域文化形成独特的品牌效应。通过统一的标识、口号、形象等元素的设计和传播，地域文化可以在受众心中留下深刻的印象，提升品牌的辨识度和记忆度。这种品牌效应不仅增强了地域文化的竞争力和影响力，还为地域文化的商业化开发提供了可能，推动了地域文化与经济的共同发展。

媒介融合通过扩大覆盖面、提升影响力、增强互动性、评估与优化传播效果以及形成品牌效应等方面，全面增强了地域文化的传播效果。这些影响有助于地域文化在更广阔的舞台上展现其独特魅力，为文化的传承和发展注入新的活力。

四、地域文化认同感的强化

媒介融合在地域文化传播过程中，对于强化受众的地域文化认同感起到了至关重要的作用。当受众通过融合后的媒介接触到更为生动、真实、全面的地域文化信息时，他们的认同感和归属感会得到显著提升。

1. 文化共鸣的激发

文化共鸣的激发是媒介融合在地域文化传播过程中的重要成果。媒介融合通过整合多元化的传播手段和丰富的内容形式，使得地域文化能够以更加立体、生动的方式呈现在受众面前，从而精准地触达目标受众，并引发他们深层的文化共鸣。

多元化的传播手段为地域文化的广泛传播提供了可能。无论是社交媒介上的短视频、图文故事，还是电视电影中的地域风情展示，抑或是虚拟现实技术带来的沉浸式体验，这些多样化的传播方式都能够让地域文化跨越时空的限制，触达更广泛的受众群体。

丰富的内容形式是激发文化共鸣的关键。地域文化包含了丰富的历史、民俗、艺术等元素，这些元素通过文字、图片、音频、视频等多种形式进行表达和传播，能够更加直观地展现地域文化的独特魅力。当受众在媒介中看到自己的文化元素、听到熟悉的故事传说、感受到家乡的风土人情时，他们会被深深吸引，产生强烈的文化共鸣。这种文化共鸣的产生源于人们对自己文化的深厚情感。地域文化是人们生活的一部分，它承载着人们的记忆、情感和认同。当媒介融合将地域文化以恰当的方式呈现在受众面前时，受众会感受到一种亲切和熟悉，从而产生对地域文化的强烈认同感。

文化共鸣的激发不仅增强了受众对地域文化的喜爱和尊重，还促进了地域文化的传承和发展。当受众对地域文化产生共鸣时，他们会更加积极地参与到地域文化的传播和建设中，成为地域文化的传承者和推广者。这种参与和投入为地域文化的长远发展提供了坚实的群众基础及社会支持。

媒介融合通过多元化的传播手段和丰富的内容形式，能够精准地触达目标受众并激发他们对地域文化的共鸣。这种共鸣不仅增强了受众对地域文化的认同感，还为地域文化的传承和发展注入了新的活力和动力。

2. 文化传承的促进

文化传承的促进是媒介融合对地域文化产生的深远影响之一。在传统的传播方式下，地域文化的传承往往受限于地域、时间和人群，难以在更广泛的范围内得到流传和延续。然而，媒介融合的出现为地域文化的传承打破了这些限制，提供了新的平台和手段。

媒介融合通过整合各种媒介形态，如文字、图片、音频、视频等，使得地域文化的传统元素能够以更加立体、多样的形式呈现给受众。这种多媒介的传播方式不仅让地域文化的内容更加丰富和生动，还能够更加真实地还原地域文化的原貌，让受众更加深入地了解和感受地域文化的魅力。

媒介融合的传播平台具有广泛的覆盖性和高度的互动性，这使得地域文化的传承能够跨越地域和时间的限制，触达更广泛的受众群体。无论是城市的居民还是乡村的农民，无论是年轻人还是老年人，都可以通过媒介融合的平台接触到地域文化，从而成为地域文化的传承者和守护者。

媒介融合还为地域文化的传承提供了丰富的互动机会。受众可以通过社交媒介、在线论坛等渠道与传播者进行实时的互动和交流，分享自己对地域文化的理解和感受，提出自己的建议和意见。这种互动性不仅增强了受众对地域文化的参与感和归属感，还为地域文化的传承注入了新的活力和创意。

媒介融合对地域文化传承的促进强化了受众对地域文化的认同感。当受众通过媒介融合的平台接触到地域文化时，他们会被地域文化的独特魅力和深厚底蕴所吸引，从而产生对地域文化的喜爱和尊重。这种认同感不仅会促使受众更加积极地参与到地域文化的传承中，还会为地域文化的未来发展提供坚实的群众基础和社会支持。

媒介融合为地域文化的传承提供了新的平台和手段，使得地域文化的传统元素得以在更广泛的受众中流传和延续。这种传承不仅强化了受众对地域文化的认同感，还为地域文化的未来发展奠定了坚实的基础。

3. 文化自信的提升

文化自信的提升是媒介融合对地域文化产生的积极影响之一。媒介融合以强大的传播力和影响力，为地域文化提供了一个展现自身魅力和价值的广阔舞台，使得地域文化能够以更加自信、开放的姿态呈现在世人面前。

媒介融合通过多元化的传播手段和渠道，将地域文化的独特魅力展现给全球受众。无论是通过电影、电视剧、纪录片等影视作品，还是通过社交媒介、网络直播等新媒介平台，地域文化都能够以更加生动、真实的形式呈现在受众面前。这种展现方式不仅让受众对地域文化有了更加全面、深入的了解，还提升了地域文化在国际舞台上的知名度和影响力。

当受众通过媒介看到自己的文化受到尊重、认可和传播时，他们会感受到一种文化自信的提升。这种自信源于对自己文化的自豪感和归属感，它让受众更加坚定地相信自己的文化传统是独特而有价值的。这种文化自信的提升不仅增强了受众对地域文化的认同感，还激发了他们传承和发扬地域文化的积极性与创造力。

媒介融合还为地域文化的创新发展提供了动力。在媒介融合背景下，地域文化可以吸收借鉴其他文化的优秀元素，与现代科技、时尚潮流等相结合，创造出更加丰富多样的文化形态和表达方式。这种创新不仅让地域文化保持了活力和时代感，还提升了其在全球文化中的竞争力。

文化自信的提升有助于地域文化的长远发展。当受众对自己的文化充满自信时，他们会更加积极地参与到地域文化的传承、保护和发展中。这种参与和投入为地域文化的可持续发展提供了坚实的群众基础和社会支持。同时，文化自信也是地域文化走向世界、与世界其他文化交流互鉴的重要前提和保障。

媒介融合使得地域文化能够以更加自信、开放的姿态展现在世人面前，提升了受众对地域文化的自信心和认同感。这种文化自信的提升不仅有助于地域文化的传承和发展，还为地域文化在全球范围内的传播和交流奠定了坚实的基础。

4. 社群归属的增强

社群归属的增强是媒介融合对地域文化传播和发展产生的积极效应之一。在媒介融合背景下，各种社交媒介和在线平台为地域文化社群的形成与发展提供了便利条件。这些社群由对同一地域文化感兴趣的人们自发组成，他们通过分享信息、交流心得、共同参与文化活动等方式，加深了对地域文化的了解和认同，同时为地域文化的传播和发展提供了强大的社会支持。

社交媒介和在线平台具有强大的聚合能力，能够将分散在不同地域、具有共同兴趣爱好的人们聚集在一起。对于地域文化来说，这种聚合作用使得对同一地域文化感兴趣的人们能够方便地找到彼此，形成一个紧密联系的社群。在这个社群中，成员们可以分享关于地域文化的各种信息，包括历史渊源、民俗风情、艺术表现等，从而增进彼此对地域文化的了解和认识。

社群内的交流互动有助于增强成员对地域文化的认同感。通过与其他成员的交流，人们可以更加深入地理解地域文化的内涵和价值，感受到自己与地域文化之间的紧密联系。这种认同感不仅会促使成员们更加积极地参与到地域文化的传播和发展中，还会激发他们以更加创新的方式去传承和发扬地域文化。

地域文化社群还为各种文化活动的组织和开展提供了便利。社群成员可以利用社交媒介和在线平台发起、组织及参与各种线上线下的文化活动，如文化讲座、展览展示、演出表演等。这些活动不仅丰富了社群成员的文化生活，还为地域文化的传播提供了更加多样化的形式和渠道。

地域文化社群的形成和发展为地域文化的传播与发展提供了强大的社会支持。社群成员通过自己的行动和影响力，将地域文化带入更广泛的社会视野中，提升了地域文化的知名度和影响力。同时，社群还可以汇聚各种资源和力量，为地域文化的保护、传承和创新发展提供有力的支持。

媒介融合促进了地域文化社群的形成和发展，增强了受众对地域文化的认同感和社会支持。这种社群归属的增强不仅有助于地域文化的传播和发展，还为地域文化的传承和创新提供了坚实的群众基础和社会力量。

5. 文化创新的推动

文化创新的推动是媒介融合对地域文化发展的又一重要贡献。在媒介融合趋势下，地域文化不再局限于传统的表现形式和传播手段，而是积极拥抱现代科技手段和创意理念，进行创新和发展。这种创新不仅使地域文化焕发出新的生机和活力，还进一步地提升了受众对地域文化的兴趣和认同感。

媒介融合为地域文化创新提供了广阔的平台和丰富的资源。通过互联网、移动应用等新媒介平台，地域文化可以接触到更多的创意理念和先进技术，它们可以为其创新提供源源不断的灵感和支持。同时，媒介融合还促进了不同地域文化之间的交流和互鉴，使得地域文化在保持自身特色的基础上，能够吸收并借鉴其他文化的优秀元素，进行更加多元、开放的创新。

引入现代科技手段和创意理念是地域文化创新的重要途径。例如，利用 VR 和 AR 等现代科技手段，地域文化可以创造出更加沉浸式的体验环境，让受众身临其境地感受地域文化的魅力。同时，结合创意理念，地域文化还可以打造出更加新颖、有趣的文化产品和服务，如文创产品、互动展览等，从而吸引更多受众的关注和参与。这种文化创新不仅提升了地域文化的吸引力，还进一步地强化了受众对地域文化的认同感和归属感。当受众看到地域文化以新颖、有趣的方式呈现时，他们会感受到地域文化的活力和时代感，从而更加喜爱和尊重自己的文化传统。同时，这种创新也使得地域文化在全球化的大背景下更加具有竞争力和影响力。

文化创新还推动了地域文化与经济社会的深度融合。通过创新，地域文化不仅可以为地区经济发展提供新的增长点，还可以成为城市形象塑造、旅游开发等方面的重要资源。这种深度融合不仅促进了地域文化的传承和发展，还为地区经济社会的繁荣注入了新的动力。

媒介融合鼓励地域文化在保持传统特色的基础上进行创新和发展，通过引入现代科技手段和创意理念，使地域文化以更加新颖、有趣的方式呈现给受众。这种文化创新不仅提升了地域文化的吸引力和竞争力，还进一步地强化了受众对地域文化的认同感和归属感，推动了地域文化与经济社会的深度融合。

媒介融合通过激发文化共鸣、促进文化传承、提升文化自信、增强社群归属以及推动文化创新等方面的工作，全面强化了受众对地域文化的认同感。这种认同感的强化不仅有助于地域文化的传承和发展，还为社会的文化多样性与和谐共处作出了积极贡献，体现了地域文化传播在媒介融合中的价值。

第二节　地域文化传播在媒介融合中的价值

地域文化传播在媒介融合时代展现出独特的价值，这些价值不仅体现在丰富文化多样性、促进内容创新上，更在于推动塑造品牌形象、增强社会认同等方面。

一、丰富文化多样性

丰富文化多样性是媒介融合对地域文化传播所产生的积极影响之一。在媒介融合趋势下，信息传播的速度和范围得到了前所未有的提升，这使得地域文化作为中华文化的重要组成部分，能够更加广泛地传播和分享，进而丰富整个文化生态的多样性。

媒介融合打破了地域文化的传播壁垒。在过去，地域文化往往受限于地理位置和交通条件，难以跨越地域界限进行广泛传播。然而，随着媒介融合的发展，互联网、移动通信等新媒介平台使得地域文化可以迅速传播到全国各地乃至全球范围，让更多的人有机会了解和欣赏到不同地域的独特文化魅力。

地域文化传播促进了文化交流和碰撞。通过媒介融合，不同地域的文化得以在同一平台上展示和交流，这使得各种文化元素有机会相互借鉴、融合和创新。这种文化交流和碰撞有助于激发出新的文化火花和创新灵感，推动文化生态的繁荣和发展。

媒介融合还推动了地域文化与全球文化的互动。在全球化背景下，地域文化不仅要在本土范围内传播和发展，还需要与世界各地的文化进行交流和对话。媒介融合为地域文化提供了走向世界舞台的机会，让更多的人了解和认识到中华文化的丰富多样性。

丰富文化多样性有助于提升社会的文化包容性和创新能力。当不同地域的文化得到广泛传播和认可时，人们会更加尊重和理解彼此的文化差异，从而增强社会的文化包容性。同时，多元文化的交流和融合也有助于激发社会的创新活力，推动各个领域的发展和进步。

媒介融合促进了地域文化的广泛传播和交流，有助于丰富整个文化生态的多样性。这种多样性的丰富不仅展示了中华文化的博大精深，还为社会的文化包容性和创新能力提供了重要的支撑与保障。

二、促进内容创新

促进内容创新是地域文化与媒介融合相结合所带来的显著效果之一。地域文化作为特定地理区域内历史、民俗、艺术等方面的综合体现，具有深厚的文化底蕴和独特的魅力。在媒介融合背景下，地域文化为媒介内容创作提供了源源不断的素材和灵感来源，有力地推动了媒介内容的创新和发展。

将地域文化元素融入媒介内容中，可以极大地增加内容的吸引力和感染力。地域文化中的民间故事、历史人物、风景名胜、民俗风情等，都是人们喜闻乐见的内容。当这些元素被巧妙地融入新闻报道、影视作品、综艺节目等媒体内容中时，不仅能够吸引受众的注意力，还能够引发他们的情感共鸣，从而增强内容的传播效果。

地域文化的融入推动了媒介内容的创新。在传统的媒介内容创作中，往往存在着内容同质化、缺乏新意等问题。而地域文化的引入，为媒介内容创作提供了新的视角和思路。通过对地域文化的深入挖掘和现代化诠释，媒介人可以创作出更加具有独特性和创意性的作品，从而满足受众日益多样化的需求。这种创新不仅体现在表现形式上，更体现在对地域文化内涵的深入挖掘和现代化诠释上。在表现形式上，媒介人可以运用先进的技术手段和艺术手法，将地域文化元素以更加生动、立体的方式呈现出来。而在内涵挖掘方面，媒介人则需要对地域文化进行深入的研究和理解，提炼出其核心价值和精神内涵，并将其与现代社会的价值观相结合，进行现代化的诠释和表达。

地域文化和媒介融合的结合还促进了跨地域、跨文化的交流与合作。在全球化背景下，不同地域、不同文化之间的交流与融合已成为一种趋势。通过媒介融合的平台，各地域的文化可以更加便捷地进行交流与合作，共同推动媒介内容的创新与发展。这种跨地域、跨文化的交流与合作不仅有助于提升媒介内容的品质和水平，还能够促进各地域文化之间的相互了解和尊重。

地域文化独特的内涵和表现形式为媒介融合提供了丰富的素材和灵感来源，有力地推动了媒介内容的创新和发展。这种创新不仅体现在表现形式上，更体现在对地域文化内涵的深入挖掘和现代化诠释上。同时，地域文化与媒介融合的结合还促进了跨地域、跨文化的交流与合作，为媒介内容的创新与发展注入了新的活力和动力。

三、塑造品牌形象

塑造品牌形象是地域文化在媒介融合过程中发挥的关键作用之一。地域文化作为某一地区独有的历史积淀和文化表现，与该地区的品牌形象紧密相连，成为展现地区特色和魅力的关键要素。通过媒介的有效传播，地域文化不仅能让更多人领略其独特之处，还能助力地区树立鲜明、具有吸引力的品牌形象。

在媒介融合大背景下，地域文化的多维度展示变得触手可及。借助广播电视、报纸等传统媒介，以及互联网、社交媒介等新媒介平台，地域文化能够以文字、图片、音频、视频等多种形式触达广泛的受众群体。这种多元化的传播手段让地域文化的独特魅力得以充分展现，从而加深受众对地区的认知和了解。

地域文化的传播对提升地区知名度至关重要。当一个地区的地域文化通过媒介被频繁报道和展示时，它的名字和特色会逐渐烙印在受众的心中。随着时间的推移，这种知名度的提升会转化为地区的美誉度，让人们对该地区产生好感和信任。

品牌形象的塑造不仅仅停留在知名度和美誉度的提升上，更重要的是它能够为地区带来实实在在的利益。一个具有鲜明地域文化特色的地区品牌形象，能够吸引更多的游客前来观光旅游，推动当地旅游业的发展；同时，它还能吸引企业投资设厂，促进地区经济的繁荣。此外，良好的品牌形象还有助于提高当地居民的自豪感和归属感，增强社会的凝聚力。

品牌形象的塑造对于文化传承也具有重要意义。在媒介融合过程中，地域文化的传播不仅是对外展示的过程，也是对内教育和传承的过程。当地域文化通过媒介被广泛传播时，更多的人会有机会接触和学习到这些文化，从而将其传承下去。这种传承不仅保证了地域文化的连续性，还为地区的长远发展奠定了坚实的文化基础。

地域文化在媒介融合过程中发挥着举足轻重的作用，它不仅能够展现地区的独特魅力和优势，提升地区的知名度和美誉度，还能为地区的经济发展和文化传承注入新的活力和动力。

四、增强社会认同

增强社会认同是地域文化传播在媒介融合中展现的又一重要功能。地域文化作为特定地域内历史、民俗、艺术等元素的综合体，承载着该地区人们共同的价值观念、历史记忆和民俗风情。当媒介以地域文化为纽带，将这些深层次的文化元素传递给更广泛的受众时，它能够激发受众的共鸣和归属感，从而增强社会认同。

地域文化的传播通过唤起共同记忆和情感，巩固了社会成员之间的联系。在媒介融合背景下，地域文化可以通过各种传播渠道，如广播电视、互联网等，以更加生动和多样的形式呈现在受众面前。当受众看到或听到与自己地域相关的文化元素时，会自然而然地产生一种亲切感和认同感，这种感觉能够拉近人与人之间的距离，促进社会的和谐稳定。

地域文化的传播有助于提升文化自信。文化自信是一个民族、一个国家对自身文化价值的充分肯定和积极践行。通过媒介融合传播地域文化，能够让更多的人了解和欣赏自己地区的独特文化，从而增强对本土文化的自信心和自豪感。这种文化自信的提升不仅有助于推动地区文化的传承和发展，还能够为地区的经济社会发展提供强大的精神动力。

地域文化的传播还能够促进不同地区、不同群体之间的相互理解和尊重。在媒介融合背景下，地域文化可以跨越地理界限，与不同地区的文化进行交流和碰撞。这种跨文化的传播能够让不同地区的人们更加深入地了解彼此的文化特色和价值观念，从而消除误解和偏见，增进相互之间的理解和尊重。这种相互理解和尊重是推动社会包容性发展的基础，有助于构建一个多元和谐的社会。

地域文化传播在媒介融合中发挥着增强社会认同的重要作用。通过传递共同的价值观念、历史记忆和民俗风情，地域文化能够激发受众的共鸣和归属感，促进社会的和谐稳定和文化自信的提升。同时，地域文化传播还能够促进不同地区、不同群体之间的相互理解和尊重，推动社会的包容性发展。因此，在媒介融合的时代背景下，我们应该更加重视地域文化的传播和发展，增加媒介融合与地域文化传播之间的互动，让其在推动社会进步中发挥更大的作用。

第三节　媒介融合与地域文化传播的互动关系

媒介融合促进了地域文化传播的互动性和参与性。通过新媒介平台，受众可以实时参与地域文化的讨论和交流，发表自己的观点和看法，与传播者形成互动关系。这种互动不仅有助于增强受众对地域文化的认同感和归属感，还能够为地域文化传播提供源源不断的动力和支持。

一、媒介融合推动地域文化传播的创新与发展

媒介融合推动地域文化传播的创新与发展是一个多方面、深层次的过程。这种融合不仅打破了传统媒介的界限，还实现了多种媒介形态的有机融合，为地域文化传播带来了前所未有的机遇和挑战。

1. 内容创新

媒介融合对地域文化内容创新的鼓励，实质上是利用现代传播技术的优势，将地域文化的独特魅力以更加多样化和富有创意的形式展现出来。这种创新不仅体现在传播手段上，更深入到文化内容本身，使得地域文化能够在全球化的大背景下保持其独特性和吸引力。

媒介融合打破了传统媒介的界限，使得地域文化可以通过多种媒介平台进行传播。这些平台既包括广播电视、报纸、杂志等传统媒介，也包括互联网、

社交媒介、移动应用等新媒介。每种媒介平台都有自己的特点和优势，如电视的画面表现力、广播的声音感染力、互联网的互动性等。通过融合这些媒介平台的特点和优势，地域文化内容可以得到更加全面、深入的展示和传播。

媒介融合鼓励地域文化在内容上进行创新。这种创新可以体现在多个方面，如题材选择、表现形式、叙事手法等。例如，可以结合音频、视频、图文等多种媒介元素，创作出丰富多样的地域文化作品。这些作品既可以是一部纪录片，通过镜头语言展现地域文化的历史渊源和民俗风情；也可以是一部互动剧，通过观众的参与和互动，让观众更加深入地了解和体验地域文化；还可以是一部虚拟现实作品，通过模拟真实场景，让观众身临其境地感受地域文化的魅力。

媒介融合使得受众能够以更加直观、生动的方式感知和体验地域文化的魅力。通过融合多种媒介元素和创新表现形式，地域文化作品可以更加生动、形象地呈现在受众面前。受众不仅可以通过视觉、听觉等感官渠道来感知地域文化，还可以通过互动、参与等方式来体验地域文化。这种直观、生动的感知和体验方式，可以增强受众对地域文化的认知和理解，提升受众对地域文化的兴趣和关注度。

媒介融合通过融合不同媒介平台的特点和优势，鼓励地域文化在内容上进行创新。这种创新使得地域文化能够以更加多样化和富有创意的形式展现出来，增强了受众对地域文化的感知和体验。同时，媒介融合也为地域文化的传播提供了更加广阔的平台和难得的机遇，推动了地域文化的传承与发展。

2. 传播渠道拓展

媒介融合在地域文化传播方面发挥了举足轻重的作用，极大地拓展了其传播渠道。在传统的传播环境中，地域文化主要依赖于广播电视、报纸等媒介进行有限范围内的传播。然而，随着信息技术的迅猛发展和互联网的普及，媒介融合打破了时间和空间的限制，为地域文化传播开辟了前所未有的广阔天地。

互联网作为一种全球性的信息传播平台，为地域文化提供了无边界的传播空间。无论是通过门户网站、专业文化网站，还是博客、论坛等个人化网络空间，地域文化都可以以文字、图片、视频等多种形式进行展示和传播。这种传播方式不仅覆盖面广，而且具有高度的互动性和参与性，能够吸引更多人的关注和参与。

移动应用的兴起也为地域文化传播提供了新的契机。随着智能手机的普及，人们可以随时随地通过移动应用了解和体验地域文化。例如，一些地方推出了文化旅游类的移动应用，通过 VR 和 AR 等技术手段，让用户能够身临其境地感受地域文化的魅力。这种基于移动设备的传播方式，不仅提高了地域文化的可及性，还增强了用户的体验感和沉浸感。

社交媒介在地域文化传播中也扮演着越来越重要的角色。微博、微信、抖音等社交媒介平台具有用户基数大、信息传播快、互动性强等特点。地域文化可以通过社交媒介进行口碑传播和病毒式营销，迅速吸引大量用户的关注和讨论。同时，社交媒介还提供了丰富的社交功能和用户反馈机制，使得地域文化的传播更加精准和有效。

媒介融合通过整合互联网、移动应用、社交媒介等新媒介平台，极大地拓展了地域文化的传播渠道。这些新媒介平台不仅具有覆盖面广、互动性强、传播速度快等优势，还能够提供更加多元化、个性化的内容选择和服务。通过这些平台，地域文化可以跨越地域界限，迅速传播到全国各地乃至全球范围，让更多的人有机会了解和欣赏到不同地域的文化特色。这种传播方式的变革不仅促进了地域文化的传承与发展，还推动了文化多样性和人类文明的进步。

3. 交互式传播

媒介融合在地域文化传播领域引发了深刻的变革，推动了交互式传播模式的兴起。这种传播模式以社交媒介、在线论坛等互动平台为载体，打破了传统传播模式中受众被动接收信息的局限，使得受众能够更加积极地参与到地域文化的传播和交流中。在这些互动平台上，受众不再仅仅是信息的接收者，更是信息的生产者和传播者。他们可以自由地发表自己的观点和看法，分享自己对地域文化的感受和体验，与其他受众进行实时的交流和互动。这种参与式的传播方式极大地激发了受众的积极性和创造性，使得地域文化传播更加生动、多元和深入。

交互式传播方式不仅增强了受众的参与感和归属感，还促进了地域文化的深入交流和传播。通过与其他受众的交流和互动，受众可以更加全面地了解地域文化的内涵和特点，深化对地域文化的认知和理解。同时，这种交互式传播方式也为地域文化的传承和发展提供了更加广阔的空间和机遇。此外，交互式传播方式还有助于建立地域文化的社群认同。在社交媒介、在线论坛等互动平台上，受众可以基于共同的兴趣和爱好聚集在一起，形成具有共同文化认同的社群。这些社群不仅为地域文化传播提供了有力的支持，还成为地域文化传承和发展的重要力量。

媒介融合推动了地域文化的交互式传播，使得受众能够更加积极地参与到地域文化传播和交流中。这种传播方式不仅增强了受众的参与感和归属感，还促进了地域文化的深入交流和传播，为地域文化的传承和发展注入了新的活力和动力。

4. 技术应用创新

媒介融合作为当今信息传播领域的一大趋势，不仅整合了多种传播渠道，还推动了先进技术在地域文化传播中的广泛应用。这些现代科技手段的应用，为地域文化传播注入了新的活力，使之更加生动、立体和具有吸引力。

VR 和 AR 等技术的引入，为地域文化传播带来了革命性的变革。通过这些技术，我们可以创造出沉浸式的地域文化体验环境，使受众仿佛身临其境般地感受到地域文化的独特魅力。例如，利用 VR 技术，受众可以穿越到特定历史时期的某个地域，亲身体验当时的生活场景和文化氛围；或者通过 AR 技术，在现实中叠加虚拟的地域文化元素，让受众在互动中深入了解地域文化的内涵。

大数据分析和人工智能等技术的应用，也为地域文化传播提供了强大的支持。通过大数据分析，我们可以更加精准地了解受众的需求和偏好，为地域文化的个性化传播提供数据支撑。这意味着地域文化传播不再是"一刀切"的模式，而是可以根据不同受众群体的特点进行定制化的内容推送和传播策略调整。同时，人工智能技术在语音识别、图像识别等方面的应用，也可以提升地域文化传播的智能化水平，提高传播效率和准确性。这些先进技术的应用不仅提升了地域文化的吸引力和竞争力，使其在众多文化形态中脱颖而出，还推动了地域文化传播的创新和发展。通过现代科技手段的辅助，地域文化可以以更加生动、立体、互动的形式呈现在受众面前，增强受众的感知和体验效果。同时，这些技术也为地域文化的传承和发展提供了新的思路和手段，有助于推动地域文化在全球化背景下的保护、传承和创新。

媒介融合从内容创新、传播渠道拓展、交互式传播以及技术应用创新等多个方面推动了地域文化传播的创新与发展。这种融合不仅增强了受众对地域文化的感知和体验，还促进了地域文化在全球范围内的广泛传播和交流。

二、地域文化传播促进媒介融合的深化与拓展

地域文化作为特定地理环境和历史条件下形成的文化现象，蕴含着丰富的地域特色和民族风情。这些独特的文化元素为媒介融合提供了宝贵的内容资源，使得媒介在传播过程中能够展现出更加多元、个性化的面貌。

1.地域文化特色的挖掘与媒介内容的丰富

在地域文化传播的实践中，媒介扮演着举足轻重的角色。通过深入挖掘地域文化的独特魅力，媒介可以将这些文化元素巧妙地融入新闻报道、节目制作、网络内容等各个方面。例如，在新闻报道中，媒介可以从地域文化的视角切入，讲述与当地风土人情紧密相连的新闻故事，使报道更加生动、有趣；在节目制作中，媒介可以借鉴地域文化的艺术形式和表现手法，创作出具有地方特色的文艺节目，为观众带来耳目一新的感受；在网络内容中，媒介可以利用地域文化的热门话题和元素，制作互动性强的网络产品，吸引更多用户的关注和参与。这种将地域文化与媒介融合相结合的做法，不仅极大地丰富了媒介融合的内涵和形式，使得媒介内容更加多元化、个性化，还能够更好地满足受众对地域文化的需求和兴趣。受众在接触媒介过程中，可以感受到地域文化的独特魅力和深厚底蕴，从而增强对媒介的认同感和归属感。同时，地域文化传播也提升了媒介的吸引力和影响力，使媒介在激烈的市场竞争中脱颖而出。

地域文化的鲜明特色和民族风情为媒介融合提供了丰富的内容资源。媒介在传播地域文化过程中，通过深入挖掘地域文化的独特魅力并将其融入媒介内容中，不仅丰富了媒介融合的内涵和形式，还满足了受众的需求和兴趣，提升了媒介的吸引力和影响力。这种融合与创新的方式有助于推动地域文化的传承与发展，同时为媒介自身的发展注入了新的活力。

2.跨地域文化传播与媒介融合的拓展

地域文化传播在当今全球化背景下，已经逐渐打破了传统的地域界限，实现了跨地域的文化交流与传播。这种跨地域性为媒介融合提供了前所未有的广阔发展空间，使得媒介能够跨越地理限制，更加广泛地传播地域文化，并在此过程中加强与其他地区媒介的合作与交流。

地域文化传播的跨地域性为媒介融合带来了更多的内容资源和受众市场。

媒介可以借此契机,深入挖掘不同地域的文化特色,将多元化的地域文化内容融入媒介产品中,从而满足更广泛受众的需求。同时,跨地域的传播也使得媒体能够接触到更多的受众群体,拓展其市场份额和影响力。

跨地域的文化交流与传播为媒介之间的合作提供了良好的契机。各地区媒介可以加强彼此间的联系与沟通,共同策划和组织跨地域的文化传播活动,推动媒介融合的深化与拓展。这种合作与交流不仅能够促进媒介资源的共享与互利,降低传播成本,提高传播效率,还能够推动媒介技术的创新与应用。各地区媒介可以相互借鉴和学习彼此在媒介融合方面的成功经验和技术成果,共同提升媒介融合的整体水平。

跨地域的文化传播与媒介融合相互促进,共同推动文化多样性和人类文明的进步。地域文化作为人类文化的重要组成部分,其传播有助于增进不同地域、不同民族之间的了解和认同。而媒介融合则通过整合多种传播渠道和手段,使得地域文化传播更加迅速、广泛和深入。这种良性的互动关系有助于推动文化多样性的保护和传承,促进人类文明的交流与融合。

3.地域文化认同与媒介融合的用户黏性提升

地域文化传播在当今社会发挥着越来越重要的作用,它不仅能够展示一个地区的独特魅力和文化底蕴,更重要的是能够激发受众对本土文化的认同感和归属感。这种文化认同对于提升媒介融合的用户黏性具有不可替代的重要意义。

地域文化传播通过呈现丰富多彩的地域特色和民族风情,让受众感受到自己与本土文化的深厚联系。当受众对某一地域文化产生浓厚兴趣时,他们会更加主动地寻找与该文化相关的媒介内容进行了解和体验。这种主动性的增加使得受众与媒介之间的互动更加频繁和紧密,从而提升了媒介的用户黏性。

地域文化传播所激发的文化认同感能够增强受众对媒介的信任和依赖。当受众认同某一地域文化时,他们往往也会对与该文化相关的媒介内容产生信任感,认为这些媒介能够提供真实、可靠的信息和服务。这种信任感的建立使得受众更加愿意使用这些媒介,并将其作为获取信息和娱乐的首选渠道,进一步地提升了媒介的用户黏性。

地域文化传播提升媒介融合的用户黏性还有助于媒介的稳定发展和持续创新。一方面,用户黏性的提升意味着媒介能够吸引和留住更多的受众,从而获得更多的市场份额和广告收入,为媒介的持续发展提供有力保障。另一方面,随着用户黏性的提升，媒介可以更加深入地了解受众的需求和偏好，为受众提供更加精准、个性化的内容和服务，推动媒介融合的不断创新和升级。

地域文化传播能够激发受众对本土文化的认同感和归属感，这种文化认同对于提升媒介融合的用户黏性具有重要意义。通过加强地域文化的传播力度和创新媒介融合的方式方法，我们可以进一步地提升受众对媒介的认同感和依赖程度，推动媒介融合的深入发展和持续创新。

4.地域文化传播策略与媒介融合的精准营销

地域文化传播在当今多元化的媒介环境中，若想实现有效的地域文化传播并产生深远的影响，必须制定一系列精准且高效的传播策略。这些策略的制定与实施不仅关乎地域文化本身的传承与发展，同时为媒介融合的精准营销提供了宝贵的借鉴与参考。

地域文化传播策略的制定需要建立在对地域文化深入了解和分析的基础之上。这包括对地域文化的历史渊源、核心特色、传播价值等方面的全面梳理，以及对地域文化在当前社会语境中的传播状况、面临的挑战与机遇的准确把握。通过这样的分析，可以明确地域文化传播的目标定位，即确定传播的主要受众群体和传播效果的预期目标。

针对目标受众的精准定位是地域文化传播策略中的关键环节。通过市场调研、数据分析等手段，深入了解目标受众的文化背景、兴趣爱好、信息接收习惯等特征，从而确定地域文化传播的内容主题、表现形式和传播渠道。这样的定位策略可以确保地域文化内容能够精准触达目标受众，引发他们的共鸣和兴趣。

传播效果的评估机制也是地域文化传播策略中不可或缺的一部分。通过设定明确的评估指标，如传播范围、受众参与度、社会影响力等，定期对地域文化传播的效果进行量化分析和评估。这些评估结果可以为后续的传播策略调整提供数据支持，实现传播效果的持续优化。对于媒介融合而言，地域文化传播策略的制定与实施为其提供了有益的借鉴。媒介在进行融合的过程中，同样需要深入分析受众需求和市场环境，精准定位目标受众，并制定相应的内容生产、渠道选择、推广策略等营销方案。通过借鉴地域文化传播的成功经验，媒介可以更加精准地把握受众的心理和行为特征，提高媒介融合的营销效果和市场竞争力。

地域文化传播策略的制定与实施对于实现精准的目标受众定位和传播效果

评估至关重要。这些策略不仅有助于地域文化的有效传播和传承，同时为媒介融合的精准营销提供了有益的参考和借鉴。

地域文化传播在促进媒介融合深化与拓展方面发挥着重要作用。通过挖掘地域文化特色、推动跨地域文化传播、提升用户黏性以及借鉴地域文化传播策略等手段，我们可以进一步地推动媒介融合的深入发展，为受众提供更加优质、多元的文化产品和服务。

三、媒介融合与地域文化传播的互动强化文化传承及认同

媒介融合作为当今信息传播领域的一大趋势，通过整合报纸、电视、网络等多种传播渠道和平台，为地域文化传承注入了新的活力和动力。这种融合不仅让地域文化传承更加高效和广泛，还以其独特的优势，让更多的人有机会深入了解并接触到地域文化的精髓。

1. 媒介融合对地域文化传承的推动作用

媒介融合通过整合多种传播渠道，极大地拓展了地域文化的传播范围。无论是通过报纸的文字报道、电视的专题节目，还是网络平台的社交媒介、视频分享等，地域文化的内容都可以迅速传播到全球的每个角落。这种跨地域、跨时空的传播方式，使得地域文化的历史渊源、民俗风情、艺术形式等得以在更广泛的受众群体中展示和传播。

媒介融合以文字、图片、视频等多种形式展示地域文化，丰富了传承的内容和形式。文字可以详细阐述地域文化的历史背景和内涵，图片可以生动展示地域文化的视觉元素，视频可以真实再现地域文化的动态场景。这种多媒介的呈现方式，使得地域文化传承更加立体、生动和真实，增强了受众的感知和理解效果。

媒介融合还通过互动和反馈机制，让受众更加深入地参与到地域文化传承中。受众可以通过评论、点赞、分享等方式，表达自己对地域文化的看法和感受，与其他受众进行交流和讨论。这种互动和参与不仅提升了受众对地域文化的认同感和归属感，还为地域文化的传承和发展提供了宝贵的反馈与建议。

媒介融合通过整合多种传播渠道和平台，以多媒介的形式展示和传播地域文化，并通过互动和反馈机制让受众更加深入地参与进来。这种传承方式不仅突破了时间和空间的限制，还让更多的人有机会了解和接触到地域文化的精

髓，为地域文化的传承和发展注入了新的活力与动力。

2.地域文化传播对媒介融合文化传承功能的强化

地域文化传播在媒介融合的大背景下，不仅是一种文化现象的传播，更是一种文化价值和传承意义的强调与凸显。地域文化作为特定地区的独特文化现象，含有深厚的历史底蕴、丰富的民俗风情以及独特的艺术魅力。在媒介融合过程中，地域文化传播不断被赋予新的内涵和形式，成为媒介内容选择、传播策略制定等方面不可忽视的重要因素。

地域文化传播在媒介融合中强调了其独特的文化价值。地域文化作为一种独特的文化资源，具有不可复制性和不可替代性。在媒介融合过程中，媒介通过对地域文化的深入挖掘和整理，将其独特的文化元素、历史故事、民俗传统等以多媒介的形式呈现给受众，使受众能够更加直观地感受到地域文化的独特魅力。这种对地域文化价值的强调，不仅提升了媒介内容的质量和内涵，也增强了受众对媒介的认同感和依赖度。

地域文化传播在媒介融合中凸显了其传承意义。地域文化作为一种历史文化积淀，承载着特定地区人民的精神信仰、价值观念和生活方式。在媒介融合过程中，媒介通过举办各种形式的文化活动、展览、演出等，将地域文化的传承意义传递给更广泛的受众群体。这些活动不仅吸引了媒介和受众的关注，也激发了受众对地域文化的兴趣和热爱，进一步地推动了地域文化的传承和发展。

地域文化传播通过各种形式的活动和事件，提升了媒介融合对文化传承的重视程度。在媒介融合过程中，媒介不仅注重地域文化的传播效果，还积极参与到地域文化的保护和传承中。通过组织专家学者进行地域文化的研究和探讨、与地方政府合作开展地域文化的保护和开发工作等，媒介不断推动地域文化的传承和发展，为文化传承贡献了自己的力量。

地域文化传播在媒介融合过程中不断强调和凸显其独特的文化价值和传承意义，使得媒介融合在内容选择、传播策略等方面更加注重对地域文化的传承和弘扬。同时，通过各种形式的活动和事件，地域文化传播也进一步地提升了媒介融合对文化传承的重视程度，推动了文化传承事业的不断发展。

3.互动关系对受众文化自觉和文化自信的培养

媒介融合与地域文化传播之间存在着紧密的互动关系，这种关系对于培养受众的文化自觉和文化自信起着至关重要的作用。文化自觉是指对自己所属文化的清晰认识和深刻理解，而文化自信则是对自己所属文化的坚定信念和自豪感。通过媒介融合与地域文化传播的相互促进，受众可以更加全面、深入地接触和了解地域文化，从而培养起对本土文化的自觉与自信。

媒介融合为地域文化传播提供了更加广阔的传播渠道和平台。通过报纸、电视、网络等多媒介的融合传播，地域文化可以迅速、广泛地传播到社会的各个角落，让更多的人有机会接触和了解到自己所属文化的独特性和价值所在。这种广泛的传播不仅增强了受众对地域文化的认知度，还为受众提供了更加多元、立体的文化体验。

地域文化传播通过媒介融合得以更加生动、真实地呈现。媒介融合以文字、图片、视频等多种形式展示地域文化，让受众能够更加直观地感受到地域文化的魅力。同时，通过互动和参与的方式，受众还可以更加深入地了解和体验地域文化，从而增强对本土文化的认同感和自豪感。

媒介融合与地域文化传播的互动关系还有助于推动社会的文化繁荣和进步。当受众对自己所属文化有了更加清晰的认识和深刻理解后，他们会更加积极地参与到地域文化的传承和发展中。这种积极的参与不仅能够促进地域文化的创新和发展，还能够推动社会的文化交流和融合，为社会的文化繁荣和进步贡献力量。

媒介融合与地域文化传播的互动关系对于培养受众的文化自觉和文化自信具有重要意义。通过接触和了解地域文化，受众可以更加清晰地认识到自己所属文化的独特性和价值所在，从而增强对本土文化的认同感和自豪感。这种文化自觉和文化自信的提升不仅能够促进受众对地域文化的传承和发展，还能够推动社会的文化繁荣和进步。

4. 媒介融合与地域文化传播共同推动文化多样性保护

在全球化浪潮下，各种文化之间的界限逐渐模糊，文化同质化现象愈发明显。然而，文化的多样性是人类文明的重要组成部分，它体现了不同地域、不同民族、不同历史背景下的独特文化特色和价值观念。媒介融合与地域文化传播的互动，正是在这一背景下，共同推动了文化多样性保护。

媒介融合为地域文化传播提供了更加多元化的传播渠道和平台。通过报纸、电视、网络等多媒介的融合，地域文化可以跨越地域界限，以文字、图片、视频等多种形式在全球范围内传播。这种传播方式不仅让更多的人有机会了解和接触到不同地域的文化，还为地域文化之间的交流和碰撞提供了可能。

地域文化传播在媒介融合过程中，不断强调和凸显其独特性和差异性。地域文化作为特定地区的独特文化现象，含有深厚的历史底蕴和丰富的民俗风情。通过媒介的融合传播，这些独特的文化元素得以在更广泛的受众群体中展示和传播，从而增强了受众对不同地域文化的认知和尊重。

媒介融合与地域文化传播的互动，推动了文化多样性的保护和传承。在全球化背景下，各种文化面临着被同化的风险。而媒介融合与地域文化传播的互动，则通过强调不同地域文化的独特性和价值，倡导对文化多样性的尊重和保护。这种保护不仅有助于维护世界文化的丰富多彩，还能够为不同文化之间的交流与融合提供基础，推动人类文明的进步和发展。

媒介融合与地域文化传播的互动还促进了文化创新和发展。在媒介融合过程中，不同地域文化之间的交流和碰撞会激发出新的文化元素和创意。这些新的文化元素和创意不仅丰富了地域文化的内涵和外延，还为地域文化的创新和发展提供了动力。同时，通过媒介的融合传播，这些新的文化元素和创意得以迅速传播和推广，进一步地推动了地域文化的繁荣和发展。

媒介融合与地域文化传播的互动共同推动了文化多样性的保护。在全球化背景下，这种保护不仅有助于维护世界文化的丰富多彩，还能够促进不同文化之间的交流与融合，为人类文明的进步和发展贡献力量。

媒介融合与地域文化传播的互动关系强化了文化传承及认同，推动了地域文化的传承与发展。这种互动关系不仅有助于培养受众的文化自觉和文化自信，还能够促进文化多样性的保护和传承，为社会的文化繁荣和进步贡献力量。

四、媒介融合与地域文化传播共同构建文化生态系统

在文化生态系统中，媒介融合发挥着至关重要的作用，它促进了多元文化的交融与共生，为文化的传播、发展和创新注入了新的活力。

1. 多元文化的交融与共生

文化生态系统是一个由多种文化元素相互交织、相互影响而形成的复杂网络，它涵盖了不同地域、不同民族、不同历史背景的文化资源。媒介融合作为一种新兴的传播方式，通过整合这些文化资源，使得各种文化元素能够在同一平台上展示和交流。

媒介融合通过整合不同地域、不同民族的文化资源，打破了文化之间的隔阂和界限。在传统的传播方式中，各种文化往往局限于特定的地域或民族群体内传播，难以跨越语言和地理的障碍。而媒介融合则利用互联网、移动通信等现代信息技术手段，将不同地域、不同民族的文化资源进行数字化处理和整合，形成了全球性的文化传播网络。在这个网络中，各种文化元素可以自由流动、相互碰撞和融合，实现了多元文化的交融与共生。

媒介融合为多元文化的展示和交流提供了更加便捷与高效的平台。通过电视、电影、音乐、艺术等多种形式，媒介融合可以将不同地域、不同民族的文化元素以更加生动、直观的方式呈现给受众。这种展示方式不仅让受众能够更加深入地了解和感受各种文化的独特魅力，还促进了文化之间的相互借鉴和创新。同时，媒介融合还通过社交媒介、在线论坛等互动平台，为受众提供了发表观点、交流想法的空间，进一步地推动了多元文化之间的对话和理解。

媒介融合促进了多元文化之间的相互理解和尊重。在媒介融合过程中，各种文化元素在相互碰撞和融合中逐渐形成了共同的文化价值观念和认同。这种共同的文化价值观念和认同不仅增强了受众对多元文化的认同感与归属感，还促进了不同文化之间的相互包容和尊重。在这种相互包容和尊重的氛围中，各种文化得以更加和谐地共存和发展。

媒介融合在文化生态系统中促进了多元文化的交融与共生。通过整合不同地域、不同民族的文化资源，打破了文化之间的隔阂和界限，为多元文化的展示和交流提供了便捷高效的平台，并促进了各种文化之间的相互理解和尊重。这种交融与共生的状态不仅丰富了文化生态系统的内涵和多样性，还为文化的传播、发展和创新提供了更加广阔的空间与机遇。

2. 地域文化的数字化保护与传承

媒介融合在地域文化的保护和传承中发挥了举足轻重的作用，尤其为地域文化的数字化保护与传承提供了有力支持。随着科技的飞速发展，数字化技术为文化的保存和传播开辟了新的路径。媒介融合正是这一技术变革与文化传承需求相结合的产物。

媒介融合借助现代信息技术手段，如数字化扫描、三维建模、虚拟现实等，对地域文化的各个方面进行了全面而深入的数字化记录。无论是历史遗迹的精细扫描，还是民间艺术、传统工艺的详细记录，这些数字化手段都能够捕捉到文化元素的每个细节，确保其完整性和真实性。

数字化保护与传承方式极大地延长了地域文化的生命力。传统的保护与传承方式往往受到时间、空间、物质条件等多种因素的限制，导致许多珍贵的文化遗产在历史的长河中逐渐消失。而数字化方式则突破了这些限制，使得地域文化可以在数字世界中永久保存，并随时随地进行展示和传播。

媒介融合通过数字化手段为后人留下了宝贵的文化遗产。这些数字化的文化遗产不仅可以在当前供人们研究和欣赏，还可以作为未来文化创新和发展的重要资源。后人可以在这些数字化遗产的基础上进行再创作，为地域文化注入新的活力和内涵。此外，媒介融合还推动了地域文化在全球范围内的传播和交流。通过数字化平台，地域文化可以跨越语言和地理的障碍，与世界各地的文化进行对话和交流。这种跨文化的传播和交流有助于增进不同文化之间的相互理解和尊重，促进世界文化的多样性和繁荣。

媒介融合为地域文化的数字化保护与传承提供了有力支持。通过运用现代信息技术手段，媒介融合不仅延长了地域文化的生命力，还为后人留下了宝贵的文化遗产。同时，它推动了地域文化在全球范围内的传播和交流，为文化的多样性和繁荣作出了重要贡献。

3. 受众参与度的提升与文化创新

媒介融合与地域文化传播的紧密结合，为受众参与文化生态系统的构建开辟了广阔的空间。在传统的文化传播模式下，受众往往只是被动地接受信息，难以直接参与到文化的传播和创新中。然而，随着媒介融合的不断深入，受众的角色发生了显著变化，他们不再仅仅是文化的接受者，更成为文化的传播者和创新者。

社交媒介、在线互动平台等新媒介渠道的出现，为受众参与地域文化传播提供了便捷的途径。通过这些平台，受众可以轻松地分享自己对于地域文化的理解、感受和创意，与他人进行深入的交流和讨论。这种互动不仅丰富了地域文化的内涵，还促进了文化在不同群体之间的传播和扩散。

受众的积极参与增强了他们对地域文化的认同感和归属感。当受众能够亲身参与到地域文化的传播和创新中时，他们会更加深刻地感受到文化的魅力和价值，从而更加珍视和爱护自己的文化传统。这种认同感和归属感的提升，有助于巩固文化生态系统的根基，使其更加稳固和持久。

受众的积极参与还激发了文化创新活力。在媒介融合背景下，受众不再满足于仅仅接受传统的文化形式，他们渴望看到新的、有创意的文化表达。因此，受众积极参与不仅为地域文化注入了新的元素和内涵，还推动了文化形式的创新和发展。这种创新活力是文化生态系统持续发展的重要动力之一。

媒介融合与地域文化传播的互动还促进了文化生态系统的多元化和包容性。通过鼓励受众的积极参与，各种不同的声音和观点得以在文化生态系统中呈现与交流。这种多元化和包容性的增强，有助于文化生态系统更加全面地反映社会的多样性和复杂性，从而更加具有生命力和活力。

媒介融合与地域文化传播的互动鼓励受众积极参与文化生态系统的构建。通过社交媒介、在线互动平台等渠道，受众可以更加便捷地参与到地域文化的传播、讨论和创新中。这种参与度的提升不仅增强了受众对地域文化的认同感和归属感，还激发了受众的文化创新活力，为文化生态系统的持续发展注入了新的动力。

4. 文化产业的融合与发展

媒介融合与地域文化传播的紧密结合，对文化产业的融合与发展产生了深远的影响。在传统模式下，地域文化资源往往局限于特定的地域或群体内，其开发和利用受到诸多限制。然而，随着媒介融合的推进，地域文化资源得以突破时空限制，与全球市场进行深度对接，从而推动了文化产业的快速发展和创新。

媒介融合为地域文化资源的开发和利用提供了全新的视角和手段。通过现代化的信息采集、处理和传播技术，地域文化资源得以被更加全面、深入地挖掘和呈现。这不仅让更多的人有机会了解和接触到地域文化的独特魅力，还为地域文化资源的商业化开发提供了可能。

在媒介融合推动下，地域文化资源与各种产业领域进行了深度融合，形成了包括文化旅游、文化创意、文化演艺等在内的多元化文化产业体系。例如，具有地域文化特色的手工艺品、民俗表演等可以通过创意设计和市场运作，转化为具有独特魅力的文化旅游产品；传统的地域文化元素也可以与现代科技、艺术等相结合，创作出具有创新性和市场潜力的文化创意产品。这种跨领域的融合与创新极大地丰富了文化市场的内涵和多样性。

文化产业的融合与发展不仅提升了地域文化的经济价值，还增强了其社会影响力。通过市场化运作和产业化发展，地域文化得以在更广泛阔范围内传播和推广，其社会价值和影响力也随之提升。同时，文化产业的繁荣发展也带动了相关产业链的发展，为地区经济社会发展提供了新的增长点。

媒介融合与地域文化传播的互动还为文化产业的国际化发展提供了契机。通过全球化的传播网络和市场运作，地域文化可以跨越国界，与世界各地的文化进行交流和碰撞，进一步地拓展其国际市场和影响力。这种跨文化的传播和交流有助于增进不同文化之间的相互理解和尊重，推动世界文化的多样性和共同繁荣。

媒介融合与地域文化传播共同推动了文化产业的融合与发展。通过现代化的技术手段和市场化的运作方式，地域文化资源得以更加充分地开发和利用，形成了多元化的文化产业体系。这种融合与发展不仅提升了地域文化的经济价值和社会影响力，还为地区经济社会发展提供了新的增长点和动力源泉。

媒介融合与地域文化传播在互动中共同构建了一个多元、开放、包容的文化生态系统。在这个系统中，各种文化元素相互交融、共生共荣，共同推动着人类文明的进步和发展。

第四章　媒介融合下的地域文化传播策略

在媒介融合的时代背景下，地域文化传播面临着前所未有的机遇与挑战。为了更有效地推广和传承地域文化，我们需要制定和实施一系列有针对性的传播策略。

第一节　强化地域文化的传播意识

地域文化作为一个地区独特的精神财富和文化遗产，对于提升地区知名度、促进经济社会发展以及增强社会凝聚力具有不可替代的作用。因此，提升对地域文化传播的重视程度、培养专业的地域文化传播人才、创新地域文化传播的理念和方式、拓宽地域文化传播的国际视野至关重要。

一、提升对地域文化传播的重视程度

提升对地域文化传播的重视程度需要从多个层面入手，确保地域文化传播工作得到有效推进。

政府层面应发挥主导作用，制定并实施相关政策措施，为地域文化传播提供有力保障。政府可以设立专项资金，支持地域文化的挖掘、保护、传承和传播工作；同时，可以制定优惠政策，鼓励企业和个人参与地域文化产业的发展。

媒介机构作为地域文化传播的重要渠道，应积极承担社会责任，加大对地域文化的宣传力度。各类媒介平台可以通过开设专栏、策划专题节目等方式，深入挖掘和展示地域文化的独特魅力；同时，可以创新传播手段，利用新媒介技术为受众提供更加丰富多样的地域文化体验。

社会各界也应积极参与到地域文化传播中。教育机构可以将地域文化融入教育教学之中，培养学生对地域文化的兴趣和认同感；文化机构可以组织举办

各类地域文化活动和展览，为公众提供更多了解和感受地域文化的机会；企业和个人可以通过捐赠、赞助等方式支持地域文化传播事业。

需要注意的是，在提升对地域文化传播重视程度过程中，应避免与之前的内容重复。具体来说，可以关注以下三个方面：一是突出地域文化的独特性和差异性，避免千篇一律的传播内容；二是注重传播手段的创新和多样化，以满足不同受众群体的需求；三是强调地域文化与现代社会发展的结合点，推动地域文化在现代社会中的创新发展和应用。

提升对地域文化传播的重视程度需要政府、媒介机构和社会各界的共同努力。通过制定政策措施、加大宣传力度、创新传播手段以及鼓励社会参与等方式，可以推动地域文化传播事业不断向前发展。

二、培养专业的地域文化传播人才

地域文化的有效传播离不开专业人才的支撑。这些人才不仅需要对地域文化有深入的了解和研究，还需要掌握现代媒介传播的技能和方法。

1.专业教育与培训

在高等院校和职业教育机构中设立地域文化传播相关专业或课程，是系统培养具备地域文化知识和传播技能的专业人才的重要途径。这些专业或课程应围绕地域文化的内涵、特色、价值以及传播策略等内容进行深入教学，旨在培养学生对地域文化的深刻理解、热爱和尊重，同时掌握现代传播学的理论和方法，能够将地域文化元素有效地融入媒介内容中，提升地域文化的传播效果。

为了实现这一目标，专业或课程的设置应注重理论与实践相结合。在理论方面，可以开设地域文化概论、地域文化史、地域文化比较研究等课程，帮助学生建立系统的地域文化知识体系。在实践方面，可以设置媒介制作、文化传播策划、地域文化项目运营等实践课程，让学生在实践中学习如何运用所学知识进行地域文化的传播和推广。此外，定期组织专业培训和工作坊也是提升从业人员专业素养和实践能力的重要手段。这些培训和工作坊可以邀请业内专家学者授课，分享他们在地域文化传播领域的最新研究成果和实践经验。通过参与培训和工作坊，从业人员可以及时了解行业动态，学习新的传播理念和方法，不断提升自己的专业素养和实践能力。同时，培训和工作坊还可以为从业人员提供一个交流和学习的平台。在这里，他们可以与其他同行进行深入的交流和探讨，分享彼此的经验和心得，共同解决在地域文化传播过程中遇到的问题和困难。这种互动与合作不仅可以提升从业人员的专业素养和实践能力，还可以促进地域文化传播行业的整体发展和进步。

通过在高等院校和职业教育机构中设立地域文化传播相关专业或课程，以及定期组织专业培训和工作坊，我们可以系统地培养具备地域文化知识和传播技能的专业人才，为地域文化的有效传播和推广提供坚实的人才保障。

2.实践与实习机会

与文化机构、媒介组织等合作，建立实践基地和实习平台，是地域文化传播人才培养中不可或缺的一环。这样的合作旨在为学生提供实地学习和锻炼的机会，让他们能够在实际工作环境中应用所学知识，提升专业技能和实践能力。

实践基地和实习平台的建立，需要与文化机构、媒介组织等进行深入的合作和沟通。这些机构和组织通常拥有丰富的地域文化资源和传播经验，能够为学生提供宝贵的实践机会。通过在这些机构和组织中实习，学生可以亲身参与到地域文化的传播项目中，了解地域文化的传播策略、媒介运用、受众分析等方面的实际操作，从而加深对地域文化传播的理解。同时，鼓励从业人员参与地域文化传播项目，也是提升他们实际工作经验的重要途径。地域文化传播项目通常涉及多个领域和方面，需要从业人员具备全面的知识和技能。通过参与项目，从业人员可以将所学知识与实际工作相结合，不断积累实践经验，提升专业素养和实践能力。此外，参与项目还可以增强从业人员的团队协作能力和创新思维，为地域文化传播注入新的活力和创意。

与文化机构、媒介组织等合作建立实践基地和实习平台，并鼓励从业人员参与地域文化传播项目，是提升地域文化传播人才专业素养和实践能力的重要举措。通过这些措施的实施，我们可以为地域文化的有效传播和推广培养更多具备实际工作经验的专业人才。

3.跨学科知识与技能融合

在地域文化传播人才培养过程中，我们不仅要注重地域文化知识的传授，更要着眼于培养具备多方面能力的复合型人才。这意味着，除了深厚的地域文化素养，人才还需要掌握媒介技术、市场营销、受众分析等多方面的能力，以适应现代传播环境的多元需求。

媒介技术是传播地域文化的重要手段。因此，人才需要熟悉并掌握各种媒介工具的使用技巧，了解不同媒介平台的传播特点和受众偏好，以便更有效地将地域文化内容通过媒介传递给目标受众。

市场营销能力是推广地域文化的关键。人才需要具备市场敏感度和营销策略制定的能力，能够结合地域文化的特点和市场需求，制定切实可行的营销方案，提升地域文化的知名度和影响力。

受众分析是优化传播效果的基础。人才需要掌握受众研究的方法和工具，深入了解目标受众的文化背景、信息接受习惯和需求偏好，以便更有针对性地进行地域文化的传播内容和方式设计。

为了实现这些能力的培养，我们强调跨学科学习的重要性。鼓励人才在传播学、艺术学、社会学、历史学等多领域汲取营养，打破学科壁垒，促进知识融合。通过跨学科的学习和实践，人才可以形成综合性的知识体系，提升解决复杂问题的能力，为地域文化的有效传播提供更有力的支撑。

培养具备多方面能力的复合型人才是地域文化传播人才培养的重要目标。通过强调跨学科学习和实践锻炼，我们可以为地域文化的传承和发展培养更多具备全面素养和专业技能的优秀人才。

4. 国际视野与交流

拓展国际交流与合作在地域文化传播领域具有深远的意义。通过让人才有机会接触和学习不同国家或地区的文化传播经验，我们可以极大地丰富自身的传播手段，拓宽传播视野，进而推动地域文化在全球范围内的传播和认同。

国际交流与合作可以为我们提供一个宝贵的平台，让我们能够直接观察到其他国家或地区在文化传播方面的成功实践。这些实践经验可能涉及创新的传播策略、高效的媒介运用、深入的受众分析等多个方面。通过学习和借鉴这些经验，我们可以更快速地提升自身的地域文化传播能力，避免走弯路，更有效地将地域文化的魅力展现给世界。同时，举办国际研讨会、交流活动等也是促进地域文化传播理念更新和方法创新的重要途径。在这些活动中，不同文化背景的专家学者和从业人员可以会聚一堂，共同探讨地域文化传播的前沿问题和挑战。通过深入的交流和讨论，我们可以激发新的思考，产生新的创意，推动地域文化传播理念和方法的不断创新与发展。此外，国际研讨会和交流活动还可以为我们提供一个展示自身文化传播成果的机会，吸引更多国际目光关注我们的地域文化。通过与国际同行的交流和合作，我们可以进一步地提升地域文化在国际舞台上的知名度和影响力，为地域文化的全球化传播奠定坚实的基础。

拓展国际交流与合作、举办国际研讨会和交流活动是推动地域文化传播的重要途径。通过这些举措，我们可以不断学习、创新和发展，让地域文化在全球范围内绽放更加绚丽的光彩。

5. 持续学习与职业发展

在地域文化传播领域，建立持续学习机制是至关重要的。随着媒介技术的迅猛发展和全球化进程的加速，地域文化的传播方式、受众需求以及传播环境都在不断发生变化。为了适应这些变化，从业人员必须保持敏锐的洞察力和不断学习的态度。

持续学习机制可以包括定期的培训课程、在线学习平台、工作坊和研讨会等多种形式。通过这些学习机会，从业人员可以及时了解最新的媒介技术趋势，掌握新的传播工具和平台，提升自己在地域文化传播方面的专业素养。同时，他们还可以学习到其他国家或地区的成功传播案例，从中汲取灵感和经验，丰富自己的传播手段和策略。

除了提供学习机会，为从业人员规划清晰的职业发展路径和晋升机会也是激励他们在地域文化传播领域持续深耕的重要手段。明确的职业发展路径可以让从业人员看到自己的长期目标和努力方向，从而更有动力去不断学习和提升自己。而晋升机会的提供是对他们工作成果和学习能力的认可，能够激发他们的积极性和创造力。此外，为了保持持续学习机制的活力和有效性，还可以引入竞争机制和激励机制。例如，可以设立优秀学员奖、最佳实践奖等荣誉称号和奖金，鼓励从业人员在学习和实践中脱颖而出。同时，可以将学习成果与绩效考核、职位晋升等挂钩，形成学习与工作相互促进的良性循环。

建立持续学习机制并为从业人员提供职业发展路径和晋升机会，是推动地域文化传播人才队伍建设的重要举措。通过这些措施的实施，我们可以打造一支具备专业素养和创新精神的地域文化传播队伍，为地域文化的传承和发展提供有力的人才保障。

在培养专业的地域文化传播人才过程中，还需要特别注意避免与之前的内容重复。为此，可以着重强调以下四点。第一，突出地域文化的独特性和传播价值，确保人才对地域文化有深刻的理解和认同。第二，结合现代媒介技术的发展趋势，培养具备数字化传播技能的人才。第三，注重实践能力的培养，让人才在实际工作中能够灵活运用所学知识和技能。第四，鼓励创新思维和跨学科合作，推动地域文化传播的创新与发展。

　　培养专业的地域文化传播人才是一个系统性工程，需要从教育、实践、技能、视野和发展等多个方面综合考虑。通过构建完善的人才培养体系，我们可以为地域文化的有效传播提供坚实的人才保障。

三、创新地域文化传播的理念和方式

　　在媒介融合的大背景下，地域文化传播迎来了前所未有的机遇。为了更有效地推广地域文化，必须摒弃传统的、单一的传播理念和方式，积极探索和创新地域文化传播的新路径。

1.整合多元传播渠道

　　利用互联网、社交媒介、移动应用等新媒介平台，我们可以构建一个多元化的地域文化传播网络，突破时间和空间的限制，将地域文化的魅力传递给更广泛的受众。新媒介平台具有传播速度快、互动性强、覆盖面广等特点，为地域文化传播提供了前所未有的机遇。

　　通过互联网，我们可以建立地域文化的官方网站、在线展览、虚拟博物馆等，为受众提供丰富多样的地域文化内容和互动体验。社交媒介可以让地域文化与受众之间建立更紧密的联系，通过发布动态、分享故事、互动交流等方式，增强受众对地域文化的认同感和归属感。移动应用可以结合地理位置服务、增强现实等技术，为受众提供个性化的地域文化体验和服务。同时，我们不能忽视传统媒介在地域文化传播中的作用。传统媒介（如广播电视、报纸）等，具有权威性和公信力，能够深入报道和解读地域文化的内涵与价值。因此，我们应该结合传统媒介与新媒介的优势，实现跨平台、跨终端的传播，打造一种全媒介传播格局。

　　在全媒介传播格局下，地域文化传播可以更加立体、全面和深入。通过整合传统媒介和新媒介的资源，我们可以实现内容的共享和互通，提高传播的效率和效果。同时，全媒介传播还可以根据不同受众的需求和特点，制定差异化的传播策略，实现精准传播和个性化服务。

　　利用新媒介平台构建多元化的地域文化传播网络，并结合传统媒介与新媒

体的优势实现跨平台、跨终端的传播，是地域文化传播的必然趋势。我们应该充分发挥各种媒介平台的作用，为地域文化的传承和发展贡献更大的力量。

2.内容创新与呈现方式多样化

深入挖掘地域文化的内涵是传播地域文化的核心任务。地域文化往往含有丰富的历史底蕴、民俗风情、自然景观等元素，这些元素是构成地域文化独特性和吸引力的关键。通过深入研究、田野调查、文献整理等方式，我们可以更全面、深入地理解地域文化的内涵，为后续的传播工作奠定坚实的基础。

在呈现地域文化内容时，故事化和情感化的方式往往能够取得更好的传播效果。通过将地域文化中的历史人物、传奇故事、民俗传说等以故事的形式讲述出来，我们可以更容易让受众产生共鸣，增强地域文化的感染力。同时，情感化的表达也能够让受众更深刻地感受到地域文化的魅力和价值，从而激发他们对地域文化的兴趣和热爱。

为了丰富地域文化的表现形式和体验方式，我们可以运用多种多媒介手段。图文是最基本的表达方式，通过精美的图片和生动的文字描述，我们可以将地域文化的魅力直观地展现出来。音视频能够提供更为真实、生动的视听体验，让受众仿佛身临其境地感受地域文化的魅力。而 VR 和 AR 等新技术能够为受众提供更为沉浸式的体验，让他们能够在虚拟的环境中亲身体验地域文化的魅力，这种体验方式无疑将极大地提升地域文化的吸引力和传播效果。

深入挖掘地域文化的内涵并以故事化、情感化的方式呈现地域文化内容，同时运用多种多媒介手段丰富表现形式和体验方式，是我们传播地域文化时应该采取的重要策略。通过这些措施的实施，我们可以让更多的人了解和喜爱地域文化，从而推动地域文化的传承和发展。

3.受众参与和互动

在地域文化传播过程中，受众的反馈和需求是至关重要的。他们不仅是信息的接受者，更是文化传播的参与者和推动者。因此，建立与受众的互动机制，了解他们的想法和需求，对于提升地域文化传播的效果具有十分重要的意义。

线上讨论、投票、问答等互动方式，为受众提供了一个表达意见和建议的平台。通过这些互动机制，我们可以及时收集到受众对地域文化传播内容、形式、效果等方面的反馈，从而有针对性地进行调整和优化。同时，这种互动还能够增强受众的参与感和归属感，让他们感受到自己的声音被重视，进而更加积极地参与到地域文化的传播中。

除了线上互动，鼓励受众参与地域文化的创作和传播也是提升传播效果的有效途径。举办地域文化主题的征文比赛、摄影大赛等活动，可以让受众用自己的方式去表达和解读地域文化，这不仅能够激发他们的创造力和想象力，还能够促进地域文化的多样性和创新性。通过这些活动，我们可以发现更多优秀的地域文化作品和人才，为地域文化传播注入新的活力和动力。

注重受众的反馈和需求，建立与受众的互动机制，并鼓励受众参与地域文化的创作和传播，是提升地域文化传播效果的重要举措。我们应该充分利用各种互动方式和活动形式，与受众建立起紧密的联系和互动，共同推动地域文化的传承和发展。

4. 品牌化与营销策略

树立地域文化的品牌形象是提升地域文化认知度和影响力的重要手段。品牌故事、口号、视觉识别等元素能够形成独特的品牌符号，帮助受众更好地识别和记忆地域文化。通过深入挖掘地域文化的内涵和特色，我们可以创作出富有感染力和吸引力的品牌故事，将地域文化的历史底蕴、人文风情、自然景观等元素融入其中，激发受众的情感共鸣。同时，简洁明快的口号和具有辨识度的视觉识别系统也能够让地域文化的品牌形象更加深入人心。

为了进一步地提升地域文化的认知度和影响力，我们还需要制定有针对性的营销策略。与旅游、教育、娱乐等产业合作是实现地域文化商业价值和社会效益的有效途径。通过与旅游产业的合作，我们可以将地域文化的特色景点、民俗活动、手工艺品等融入旅游线路和产品中，吸引更多游客前来体验和感受地域文化的魅力。与教育产业的合作可以将地域文化的知识、技艺等纳入教育体系，通过开设相关课程、举办讲座和实践活动等方式，培养更多对地域文化感兴趣的人才。与娱乐产业的合作可以通过创作地域文化主题的影视作品、音乐作品、游戏等，让受众在娱乐中感受地域文化的魅力，从而增强对地域文化的认同感和归属感。

树立地域文化的品牌形象并制定有针对性的营销策略是提升地域文化认知度和影响力的重要举措。通过深入挖掘地域文化的内涵和特色，创作出富有感染力和吸引力的品牌故事、口号和视觉识别系统，并与旅游、教育、娱乐等产业合作，实现商业价值和社会效益的最大化，我们可以让更多的人了解和喜爱地域文化，推动地域文化的传承和发展。

5.国际化视野与交流

推动地域文化走向世界，是地域文化传播的终极目标之一。地域文化作为特定区域的独特产物，含有深厚的历史底蕴和丰富的人文内涵，具有不可复制的独特魅力。为了让更多的人了解和欣赏地域文化，我们必须积极参与国际文化交流活动，将地域文化的精髓和特色展现给世界。

参与国际文化交流活动，不仅可以让地域文化在国际舞台上亮相，还能够促进不同文化之间的交流与碰撞，从而推动文化的多样性和共融。在这些活动中，我们可以通过举办展览、演出、讲座等多种形式，全面展示地域文化的艺术魅力、历史价值和社会意义。同时，我们可以借助现代科技手段，如 VR 和AR 等，为国际受众提供更为沉浸式的地域文化体验，让他们更加直观地感受到地域文化的魅力。

在走向世界的过程中，我们还需要不断学习和借鉴其他国家或地区的文化传播经验。每个国家或地区都有独特的文化传播方式和成功经验，这些经验对于丰富和创新我们自身的传播理念和方式具有重要的参考价值。通过学习和借鉴，我们可以不断完善自身的传播策略，提高传播效果，让地域文化在国际舞台上更加熠熠生辉。

推动地域文化走向世界并参与国际文化交流活动，是展示地域文化独特魅力的重要途径。在这个过程中，我们既要自信地展示自身的文化特色，也要谦虚地学习和借鉴其他国家或地区的成功经验，不断丰富和创新自身的传播理念与方式。只有这样，我们才能让地域文化在世界文化的大花园中绽放出更加绚丽的色彩。

6.持续评估与优化

建立科学的评估体系对于确保地域文化传播的持续性和有效性至关重要。评估体系能够帮助我们系统地收集、整理和分析地域文化传播过程中的数据与信息，从而全面、客观地了解传播效果，为未来的传播策略调整提供科学依据。

在评估体系构建上，我们应该注重定量与定性相结合的方法，确保评估结果的全面性和准确性。定量评估可以通过统计地域文化传播的覆盖面、受众数量、互动频次等指标来衡量传播的广度和深度。定性评估可以通过受众反馈、专家评价等方式，深入了解传播内容的质量、受众的满意度以及地域文化特色的展现情况。

定期对地域文化传播的效果进行评估和分析是必不可少的环节。通过定期的评估，我们可以及时发现问题，掌握地域文化传播的动态变化，以便在传播策略上作出相应调整。例如，如果发现某些传播方式的效果不佳，我们可以尝试新的传播渠道和手段；如果受众对某类内容兴趣不高，我们可以调整内容创作的方向，更加贴近受众需求。

根据评估结果及时调整传播策略是确保地域文化传播有效性的关键。我们应该在深入分析评估数据的基础上，明确地域文化传播的优势和不足，进而制定更具针对性的传播策略。同时，我们还应该保持对新技术、新媒介的敏感度，不断探索和创新传播方式，以适应不断变化的传播环境。

优化传播内容和方式也是提高地域文化传播效果的重要途径。我们应该根据受众的特点和需求，创作更多具有地域特色、易于传播和接受的内容。在传播方式上，我们应该充分利用新媒介平台、线上线下活动等多种渠道，形成立体化的传播网络，提高地域文化的知名度和影响力。

建立科学的评估体系并定期进行效果评估和分析，根据评估结果及时调整传播策略并优化传播内容和方式，是确保地域文化传播持续性和有效性的重要保障。我们应该在实践中不断探索和完善评估体系，为地域文化的传承和发展贡献力量。

在创新地域文化传播理念和方式过程中，需要特别注意避免与之前的内容重复。为此，可以关注最新的媒介发展趋势和受众需求变化，结合地域文化的独特性进行有针对性的创新。同时，保持开放和包容的态度，积极吸纳各方面的意见和建议，不断完善和创新地域文化的传播理念与方式。

四、拓宽地域文化传播的国际视野

在全球化大背景下，地域文化传播必须拓宽国际视野，积极融入国际文化交流的大潮中。

1.深入研究国际传播规律

分析不同国家或地区的文化传播模式、受众特点以及接受习惯，对于推动地域文化在全球范围内的传播具有重要意义。每个国家或地区都有独特的文化背景、社会结构和历史发展轨迹，这些因素共同塑造了各具特色的文化传播模式。例如，有的国家可能更注重传统文化的传承与保护，而有的国家则更倾向于文化的创新与融合。了解这些差异，有助于我们更准确地把握不同国家或地区受众的文化需求和接受习惯。

在受众特点方面，不同国家或地区的受众在年龄、教育水平、宗教信仰、价值观念等方面可能存在显著差异。这些差异直接影响了他们对文化产品的选择和接受程度。因此，我们需要深入研究不同受众群体的特点，以便为他们提供更加贴合其需求和兴趣的地域文化内容。

在接受习惯方面，不同国家或地区的受众在获取文化信息、消费文化产品等方面有着各自的习惯和偏好。例如，有的国家受众可能更喜欢通过社交媒介获取文化资讯，而有的国家受众则更青睐于传统的广播电视等媒介。针对这些差异，我们需要灵活调整传播渠道和方式，确保地域文化能够有效触达并吸引目标受众。

研究国际市场上成功的文化传播案例，可以为我们提供宝贵的经验和策略借鉴。这些成功案例往往在内容创作、传播渠道选择、受众互动等方面有着出色的表现。通过分析这些案例，我们可以总结出一些共性的成功经验和策略，如注重内容的本土化、充分利用新媒介平台、强化与受众的互动等。这些经验和策略对于指导我们自身的地域文化传播实践具有重要的参考价值。

分析不同国家或地区的文化传播模式、受众特点以及接受习惯，并研究国际市场上成功的文化传播案例，是我们推动地域文化走向世界的重要步骤。通过这些研究和分析，我们可以更加精准地制定传播策略，提高地域文化在全球范围内的认知度和影响力。

2. 制定有针对性的国际传播策略

在全球化背景下，地域文化传播需要更加精细和有针对性地进行，以适应不同国家或地区的文化差异。文化差异体现在语言、习俗、价值观念、审美偏好等方方面面，对于地域文化的传播内容和方式都会产生影响。因此，在将地域文化推向世界过程中，我们必须充分尊重和理解目标国家或地区的文化特点，根据文化差异进行适应性的调整。

在传播内容上，我们要保持地域文化的核心价值和特色不变，但同时要注意避免与当地文化产生冲突或误解的元素。例如，在介绍历史人物或事件时，需要考虑其在当地文化语境中的意义和接受度，避免触碰到文化禁忌。同时，我们可以通过添加与当地文化相关联的元素或故事，增强地域文化与目标受众的共鸣和连接。

在传播方式上，我们需要考虑当地受众的信息接受习惯和偏好。这包括使用当地主流的媒介平台（社交媒介、广播电视等）进行传播，以及运用当地人喜闻乐见的形式（如当地的艺术风格、表演形式等）进行包装和推广。通过这样的方式，地域文化能够更好地融入当地社会和文化环境，减少传播障碍，提高传播效果。

利用国际通用的语言和符号也是进行地域文化传播的重要手段。国际通用语言（如英语、西班牙语等）可以帮助我们跨越语言障碍，使更多的人能够了解和接触到地域文化。而符号和图像则是一种非常直观且易于理解的信息传达方式，无论在哪种文化背景下，一些基本的符号和图像都能传递相似的信息与情感。

根据目标国家或地区的文化差异调整地域文化的传播内容和方式，以及利用国际通用的语言、符号和当地受众喜闻乐见的媒介形式进行包装与推广，是推动地域文化走向世界并得到有效传播的关键策略。通过这样的方式，我们不仅可以增强地域文化的吸引力和感染力，还能促进不同文化之间的交流和理解，实现文化的多样性和共融。

3. 积极参与国际文化交流活动

主动策划和组织地域文化主题的国际展览、演出、研讨会等活动，是提升地域文化国际影响力的重要途径。通过这些活动，我们可以将地域文化的独特魅力和深厚内涵直观地展现给世界各地的受众，增强他们对地域文化的认知和兴趣。

国际展览可以聚焦地域文化的特色手工艺品、历史文物、艺术作品等，通过精心策划和布展，打造一场视觉盛宴，让受众在欣赏中感受地域文化的魅力。演出可以以地域文化的传统音乐、舞蹈、戏剧等艺术形式为载体，通过艺术家的精彩演绎，展现地域文化的艺术魅力和精神内涵。研讨会可以邀请国内外专家学者就地域文化的历史渊源、发展现状、未来趋势等进行深入探讨，推动地域文化的研究和传播。与此同时，与其他国家或地区的文化机构建立合作关系，共同举办文化交流项目，也是推动地域文化走向世界的重要举措。通过与这些文化机构的合作，我们可以共享资源、互通有无，实现优势互补、协同发展。这种合作模式不仅可以拓宽地域文化的传播渠道，还可以促进不同文化之间的交流与融合，推动世界文化的多样性和繁荣发展。

在合作过程中，我们可以共同策划和组织地域文化主题的文化交流项目，如联合展览、互访演出、合作研究等。通过这些项目，我们可以将地域文化推向更广阔的国际舞台，让更多的人了解和喜爱地域文化。同时，我们也可以在合作中学习和借鉴其他国家或地区的先进经验及技术手段，不断提升自身的文化传播能力和水平。

4. 构建国际传播网络

与国际媒介建立合作关系，对于拓宽地域文化的传播渠道至关重要。国际媒介拥有广泛的传播网络和庞大的受众群体，通过与它们建立合作关系，我们可以将地域文化的精髓和魅力传播到更远的角落。这种合作可以包括在国际知名新闻媒介上发布关于地域文化的专题报道、纪录片或特辑，借助其影响力和传播力，让地域文化在全球范围内获得更多关注。同时，利用国际社交媒介平台也是推广地域文化的重要手段。某些社交媒介平台（如 Facebook、Twitter、Instagram、TikTok 等）具有极高的用户活跃度和互动性，通过建立地域文化的官方账号，我们可以定期发布地域文化的图片、视频、文章等内容，展示地域文化的多样性和独特性。此外，可以积极与海外受众互动，回应他们的问题和反馈，增强他们对地域文化的参与感和认同感。

在发布内容时，我们需要注重内容的创意和质量，结合目标受众的兴趣和需求，制定有针对性的内容策略。同时，可以利用社交媒介平台的广告投放功能，提高地域文化内容的曝光率和影响力。

与国际媒介建立合作关系和利用国际社交媒介平台是推动地域文化走向世界、拓宽传播渠道的有效手段。通过这些举措，我们可以让更多的人了解、欣赏并爱上地域文化，为文化的多样性和交流贡献力量。

5. 培养国际化传播人才

在推动地域文化走向世界的过程中，从业人员的国际化素养和跨文化交流能力至关重要。因此，加强对从业人员的国际化培训，提升其跨文化交流能力，是确保地域文化有效传播的关键环节。这些培训可以包括语言能力提升、国际文化传播理论学习、跨文化沟通技巧训练等方面，旨在帮助从业人员更好地适应国际传播环境，理解不同文化背景下的受众需求，以及有效应对跨文化交流中的挑战。

除了内部培训，引进具有国际视野和传播经验的专业人才也是提升地域文化传播团队整体实力的重要途径。这些专业人才可能来自不同的国家、具有不同的文化背景，他们不仅具备丰富的国际传播经验，还能为团队带来新的视角和思维方式。通过引进这些人才，我们可以进一步地充实地域文化传播团队，提高团队在国际舞台上的竞争力和影响力。同时，我们也应该注重团队内部的知识共享和经验交流。通过定期组织内部研讨会、分享会等活动，鼓励团队成员分享各自在国际传播实践中的经验和教训，以及针对不同国家或地区受众的有效传播策略。这种知识共享和经验交流不仅可以提升团队的整体素养，还能促进团队成员之间的合作与默契，为地域文化的国际传播提供更有力的支持。

6. 持续跟踪与评估

建立国际传播效果的跟踪评估机制对于地域文化的国际推广至关重要。这一机制能够系统地收集和分析地域文化在国际市场上的表现数据，包括覆盖率、受众反馈、影响力指标等，从而客观评估传播效果。通过定期的跟踪评估，我们可以及时捕捉到地域文化在国际传播中的动态变化，识别出存在的问题和面临的挑战。

评估结果将为传播策略的调整提供科学依据。如果发现某些传播渠道或内容形式在国际市场上效果不佳，我们可以迅速调整策略，尝试新的传播手段或优化现有内容，以适应不同国家或地区的受众需求。这种灵活性和针对性是确保地域文化国际传播效果持续优化的关键。同时，评估机制还能帮助我们更好地了解受众的喜好和接受习惯。通过对受众反馈的深入分析，我们可以洞察到不同文化背景下受众对地域文化的认知差异和兴趣点，进而在内容创作和传播方式上作出更加精准的调整。

建立国际传播效果的跟踪评估机制并根据评估结果及时调整传播策略，是确保地域文化国际传播效果持续优化的重要保障。这将有助于地域文化在全球范围内获得更广泛的认知和认同，促进文化多样性和国际交流的发展。

在拓宽地域文化传播的国际视野时，需要特别注意避免与之前的内容重复。为此，可以关注最新的国际文化动态和传播趋势，结合地域文化的独特性进行有针对性的策划和推广。同时，保持开放和合作的态度，积极与国际社会进行对话和交流，共同推动地域文化的国际传播和发展。

通过以上措施的实施，我们可以有效地提升地域文化在国际舞台上的知名度和影响力，为世界文化的多样性和共同繁荣作出贡献。

第二节　创新地域文化的传播方式

创新地域文化的传播方式需要从多个方面入手，包括多媒介整合传播、互动式和参与式传播、个性化与定制化传播、跨界合作与品牌化传播、注重受众反馈与持续优化等。通过这些措施的实施，可以有效提升地域文化的传播效果和影响力，推动地域文化繁荣发展。

一、多媒介整合传播

多媒介整合传播是指充分利用文字、图片、音频、视频等多种媒介形态，通过整合报纸、广播电视、互联网等不同媒介平台，对地域文化进行全方位、多角度的展示和传播。这种传播方式旨在形成互补优势，实现地域文化的跨平台、跨时空传播，从而丰富受众的感知体验，提升地域文化的传播效果。

1. 多媒介内容创作

多媒介内容创作在地域文化传播中扮演着至关重要的角色。通过综合运用文字、图片、音频、视频等多种形式，多媒介内容能够生动、形象地展示地域文化的独特魅力和深刻内涵，从而有效吸引受众的关注和兴趣。

文字是多媒介内容创作的基础。通过精心撰写的文章、故事或介绍，可以深入挖掘地域文化的历史渊源、民俗风情、特色技艺等方面，为受众提供翔实、丰富的信息。这些文字内容不仅能传递知识，更能引发受众的情感共鸣，激发他们对地域文化的探索欲望。

图片是多媒介内容中不可或缺的元素。高质量的图片能够直观展示地域文化的视觉特征，如建筑风格、自然景观、民族服饰等。通过精心选择和编辑的图片，可以让受众在瞬间感受到地域文化的独特美感，进一步地增强他们对文化的认同和向往。

音频和视频能为多媒介内容增添动态与立体感。通过录制地域文化的音乐、歌谣、民间故事等音频资料，可以让受众在收听中感受文化的韵律和节奏。视频能更加直观地展现地域文化的活动场景、人物风采和技艺展示，为受众带来身临其境般的体验。这些音视频内容不仅丰富了多媒介的表现形式，也让地域文化传播更加生动和真实。

在多媒介内容创作过程中，还需要注重内容的策划和设计。要根据地域文化的特点和传播目标，制定合理的内容策略，确保各种媒介形式之间的协调配合和优势互补。同时，要注重内容的创意性和趣味性，以吸引受众的眼球并激发他们的探索欲望。通过精心策划和设计的多媒介内容，可以让地域文化传播更加精准、有效和深入人心。

2.跨平台传播策略

跨平台传播策略在地域文化传播中扮演着举足轻重的角色。为了确保地域文化的内容能够在各个媒介平台上得到有效的展示和传播，必须精心制定针对不同平台的传播策略。

在报纸这一传统媒介上，地域文化传播可以通过专栏、专版等形式来实现深度报道。这些专栏和专版可以聚焦于地域文化的历史渊源、特色技艺、民俗风情等方面，通过文字和图片的结合，为读者提供全面、深入的了解。报纸的广泛发行和深入人心的特点，使得地域文化传播能够覆盖更广泛的受众群体。

广播作为声音媒介，具有独特的传播优势。在广播上，可以通过专题节目、访谈等形式来传递地域文化的声音。这些节目可以邀请地域文化的传承人、专家学者等进行深入讲解和访谈，让听众通过声音感受到地域文化的魅力和内涵。广播的实时性和互动性也使得地域文化传播更加生动和真实。

电视作为视听媒介，能够通过影像和声音的结合来展现地域文化的独特魅力。在电视上，可以通过纪录片、综艺节目等形式来展现地域文化的影像。纪录片可以深入挖掘地域文化的历史、人文和自然景观等方面，为观众呈现真实、立体的地域文化画卷；综艺节目可以通过游戏、竞技等轻松有趣的形式，让观众在娱乐中了解和学习地域文化。

互联网作为新兴的媒介平台，具有传播速度快、互动性强等特点。在互联网上，可以通过社交媒介、视频网站等平台实现地域文化的互动传播。社交媒介上的分享、转发等功能可以让地域文化的内容迅速扩散；视频网站上的点播、评论等功能可以让观众随时随地了解和参与地域文化传播。此外，VR 和 AR 等技术也可以为地域文化传播提供新的可能性和体验方式。

跨平台传播策略的制定对于地域文化的有效传播至关重要。通过针对不同媒介平台的特点和受众需求进行精准策划和实施，可以确保地域文化的内容在各个平台上得到充分的展示和传播，从而推动地域文化的传承和发展。

3. 互动体验设计

互动体验设计在多媒介整合传播中占据着核心地位，尤其对于地域文化传播而言，其重要性不言而喻。地域文化并非孤立存在，而是需要与受众建立紧密的联系，通过互动体验让受众真正沉浸其中，感受其独特魅力。

为了激发受众的参与热情，增强他们对地域文化的认同感和归属感，互动体验设计成为关键所在。具体而言，可以通过设计各种互动环节，如问答、投票、竞猜等，让受众在观看、收听的同时，能够亲身参与其中，与地域文化产生更深入的联系。这种参与感不仅能够提升受众的兴趣，还能使他们在互动中更加深入地了解地域文化的内涵。此外，设置话题讨论也是互动体验设计的重要手段之一。通过抛出与地域文化相关的话题，引导受众进行讨论，不仅能够聚集人气，还能在讨论中挖掘出地域文化的更多层面。这种讨论不仅限于线上，还可以延伸到线下，形成线上线下的有机结合。

开展线上线下活动同样是互动体验设计的重要组成部分。线上活动可以利用社交媒介、官方网站等平台，组织各种形式的活动，如线上征文、摄影比赛等，鼓励受众用自己的方式表达对地域文化的理解和热爱。线下活动可以结合地域文化的特点，策划各种体验性强、参与性高的活动，如文化体验游、民俗活动等，让受众在亲身体验中感受地域文化的魅力。

互动体验设计在多媒介整合传播中对于地域文化传播至关重要。通过设计互动环节、设置话题讨论、开展线上线下活动等方式，可以激发受众的参与热情，增强他们对地域文化的认同感和归属感。这种以受众为中心的传播理念，不仅能够提升地域文化传播的效果，还能为地域文化的传承和发展注入新的活力。

4. 传播效果评估

传播效果评估是多媒介整合传播中不可或缺的一环，它对于了解受众反馈、优化传播策略以及提升地域文化传播效果具有至关重要的作用。

在多媒介整合传播过程中，地域文化的传播效果需要通过一系列评估指标来进行衡量。这些评估指标可以包括覆盖率、受众参与度以及影响力等。覆盖率反映了地域文化传播的广度，即信息触及的受众范围；受众参与度体现了受众与传播内容的互动程度，如点赞、评论、分享等行为的频率和深度；影响力是对地域文化传播效果的综合评价，包括传播内容在社交媒介上的传播力、话题的热度以及引发的社会反响等。

为了全面客观地评估地域文化的传播效果，需要运用数据分析和案例研究等方法。数据分析可以对传播过程中的各项数据进行深入挖掘和分析，如受众的构成、行为特征、传播路径等，从而揭示地域文化传播的规律和趋势。案例研究可以通过对具体传播案例的深入剖析，总结经验教训，为未来的传播活动提供借鉴和参考。

通过定期评估和分析，可以及时了解受众的反馈和需求，发现传播过程中存在的问题和不足。这些反馈和需求是调整传播策略与内容形式的重要依据。例如，如果受众对某一方面的地域文化内容表现出浓厚的兴趣，那么可以在后续的传播中加大这方面内容的比重；如果受众对某种传播形式反应冷淡，那么需要对这种形式进行改进或尝试新的形式。

传播效果评估是多媒介整合传播中不可或缺的一环。通过评估和分析，可以不断优化传播策略和内容形式，提升地域文化的传播效果，推动地域文化的传承和发展。

多媒介整合传播是创新地域文化传播方式的重要手段之一。通过充分利用多种媒介形态和平台资源，我们可以更加全面、深入地展示和传播地域文化的独特魅力与价值内涵，推动地域文化在全球范围内的传播和发展。

二、互动式和参与式传播

互动式和参与式传播是地域文化传播创新的重要方式，它借助社交媒介、移动应用等新技术手段，为受众提供参与和互动的机会，从而增强他们对地域文化的认知、体验和归属感。

1. 社交媒介互动

在地域文化的多媒介整合传播中，平台选择、内容发布以及互动机制构成了与受众建立紧密互动的关键要素。

平台选择至关重要。为了确保地域文化的内容能够触及更广泛的受众并引发他们的关注，选择受众广泛、活跃度高的社交媒介平台成为首要任务。微博、微信、抖音等社交媒介平台拥有庞大的用户基础和高度活跃的用户群体，为地域文化传播提供了得天独厚的条件。通过建立地域文化的官方账号，可以构建一个与受众互动的主要阵地，为后续的内容发布和互动活动奠定坚实基础。

内容发布是吸引受众关注的核心。官方账号需要定期发布与地域文化相关的内容，包括动态消息、故事分享、图片视频等。这些内容应该具有趣味性和知识性，能够引发受众的兴趣和好奇心。通过精心策划和编辑的内容，可以让受众在轻松愉悦的氛围中了解地域文化的独特魅力和内涵。同时，保持内容更新的频率和质量也是吸引受众持续关注的关键。

互动机制是激发受众参与热情的重要手段。社交媒介平台的优势在于其强大的互动性，因此，鼓励受众通过评论、点赞、转发等方式参与互动至关重要。官方账号可以积极回应受众的留言和评论，与他们建立良好的互动关系。此外，设置话题讨论、问答互动等形式多样的互动环节，可以进一步地激发受众的参与热情，让他们在互动中深入了解地域文化并产生归属感。通过这种积极的互动氛围，可以建立起一个充满活力、热爱地域文化的社群，为地域文化传播持续注入动力。

2. 移动应用与传播

应用开发是地域文化传播与现代科技相结合的重要手段。针对地域文化的独特性和特色，可以开发专门的移动应用，以创新的方式展现地域文化的魅力。

导览应用是其中的一种常见形式。这类应用通过集成地图导航、语音讲解、图片展示等功能，为用户提供便捷的文化导览服务。受众可以利用手机等移动设备，在实地参观时获得详细的文化解说和背景介绍，从而更加深入地了解地域文化的历史、民俗和艺术特色。导览应用不仅提升了参观的便捷性，也丰富了受众的文化体验。

文化体验应用是另一种富有创新性的应用形式。这类应用通过 VR 和 AR 等技术，将地域文化的元素融入互动体验中。受众可以通过应用，亲身参与到模拟的地域文化活动中，如传统节日的庆祝、手工艺品的制作等，从而更加直观地感受地域文化的魅力。这种沉浸式的体验方式，不仅增加了学习的趣味性，也有助于受众更深刻地理解和记忆地域文化的内容。

在应用开发中，功能设计也是至关重要的一环。为了提升用户的参与感和体验感，可以在应用中集成多种互动功能。例如，设置用户反馈入口，让受众能够方便地向开发者提供使用意见和改进建议；设计在线调查功能，收集受众对地域文化内容和形式的偏好，以便优化后续的传播策略；加入游戏互动元素，如知识问答、文化小游戏等，使受众在轻松愉快的氛围中学习和体验地域文化。

推送服务是移动应用保持与受众紧密联系的有效手段。利用应用的推送功能，可以及时向受众推送地域文化的最新动态、活动信息和重要通知。这种主动的信息传播方式，不仅能够确保受众不会错过任何重要的文化事件，还能通过个性化的推送内容，增强受众的归属感和黏性。推送服务的精准性和时效性，使其成为地域文化传播中不可或缺的一环。

3. 线上线下活动结合

线上与线下活动的有机结合，在地域文化传播中扮演着举足轻重的角色。通过精心策划和组织各类活动，不仅能够吸引受众的广泛参与，还能深化他们对地域文化的认知与体验。

在线上活动方面，借助互联网的平台优势，可以策划和组织形式多样的互动活动。网络投票、线上竞赛等活动形式，能够充分激发受众的参与热情，让他们在竞争中学习、在互动中感受地域文化的魅力。虚拟展览是一种创新的展示方式，通过技术手段将地域文化的珍贵文物、历史场景等以数字化的形式呈现给受众，打破时间和空间的限制，让更多的人能够随时随地欣赏和学习地域文化。

线下活动是将线上互动延伸到现实生活中的重要环节。通过举办文化体验活动，如手工艺制作、民俗表演等，让受众亲身参与到地域文化的实践中，感受其独特的魅力和内涵。主题研讨会可以聚集专家学者和地域文化爱好者，共同探讨地域文化的传承与发展，推动文化交流的深入进行。粉丝见面会等活动形式，能够增强受众与地域文化之间的情感联系，让他们更加热爱和珍视自己的文化传统。

活动宣传是确保活动效果最大化的关键步骤。利用社交媒介和移动应用等渠道，可以对线上线下活动进行广泛的宣传和推广。通过发布活动预告、分享活动亮点、邀请意见领袖参与等方式，扩大活动的影响力和参与度。同时，利用社交媒介平台的互动功能，还可以及时收集受众的反馈意见，为活动的持续优化提供有力支持。

线上与线下活动的有机结合，能够有效地推动地域文化的传播与发展。通过精心策划和组织各类活动，并利用多渠道进行宣传和推广，可以让更多的人了解、热爱并参与到地域文化的传承与保护中。

4.用户生成内容的鼓励与利用

鼓励分享是地域文化传播中一种非常有效的方式，它能够让受众从被动的接受者转变为积极的参与者和传播者。通过鼓励受众分享自己与地域文化相关的故事、图片、视频等原创内容，不仅可以丰富地域文化的表现形式，还能够增强受众的归属感和认同感。当受众将自己的亲身经历和感受与地域文化相结合，并以原创内容的形式进行分享时，他们实际上是在用自己的语言和方式表达对地域文化的热爱和认同。

内容展示是将受众的原创内容呈现在更广泛的公众面前的重要环节。通过在社交媒介或官方网站上展示受众的原创内容，可以让更多的人了解和欣赏地域文化的多样性和独特性。这种展示方式不仅能够吸引更多人的关注和参与，还能够激发更多人的创作热情，从而推动地域文化的传播和发展。同时，通过展示受众的原创内容，还可以让地域文化传播更加接地气、更加贴近受众的生活实际。

为了激励受众积极参与和贡献，建立激励机制是非常必要的。设立奖励计划或认证制度是一种常见且有效的激励方式。对于积极参与和作出贡献的受众，可以给予一定的物质奖励、荣誉证书、官方认证等形式的认可和鼓励。这些奖励和认证不仅是对受众个人努力的肯定，也是对其他人的激励和鞭策。通过这种激励机制，可以形成积极向上的社区氛围，推动地域文化的传播和发展进入良性循环。

鼓励分享、内容展示和激励机制是地域文化传播中相互关联、相互促进的三个重要环节。它们共同构成了地域文化传播的完整生态链，为地域文化的传承和发展提供了有力的支持与保障。

通过以上方式，互动式和参与式传播能够有效地促进地域文化与受众之间的交流和互动，提升地域文化的认知度和影响力。同时，这种传播方式也有助于发现和培养地域文化的忠实粉丝与传播者，为地域文化的持续发展和传承奠定坚实的基础。

三、个性化与定制化传播

个性化与定制化传播是地域文化传播中的一种创新策略，它强调根据受众的不同需求和兴趣，提供有针对性的传播服务。通过运用数据分析、用户画像等先进手段，这种传播方式能够更精准地了解受众的偏好和需求，进而实现内容的个性化推送和传播，提升地域文化传播的效果和受众满意度。

1. 受众分析与用户画像构建

在地域文化传播过程中，数据收集、数据分析以及用户画像构建构成了精准传播策略的核心环节。这些步骤紧密相连，共同为地域文化的有效传播提供了数据支持和决策依据。

数据收集是洞察受众行为的第一步。通过在社交媒介、移动应用、网站等渠道上部署数据追踪工具，可以系统地收集受众的行为数据。这些数据涵盖了浏览记录、搜索历史、互动行为等多个方面，为理解受众的兴趣、偏好和需求提供了宝贵的原始资料。值得注意的是，数据收集过程中必须严格遵守隐私保护和数据安全的原则，确保受众的个人信息不被滥用。

数据分析是对收集到的数据进行深入挖掘和理解的过程。运用先进的数据分析工具和技术，如数据挖掘、机器学习等，可以对海量的数据进行清洗、整合和模式识别。通过数据分析，我们可以发现受众的行为模式、兴趣偏好以及潜在需求，为地域文化的传播内容和形式提供有力的数据支撑。

用户画像构建是基于数据分析结果，将受众特征抽象化的过程。通过整合不同维度（如年龄、性别、职业、兴趣等）的数据，可以构建出具有代表性的用户画像。这些用户画像不仅能够帮助传播者更加直观地理解受众群体，还能够为后续的个性化传播策略提供基础。例如，针对不同用户画像的受众群体，可以定制不同的传播内容、选择合适的传播渠道和时机，从而提高地域文化传播的针对性和有效性。

数据收集、数据分析和用户画像构建是一个相互关联、循序渐进的过程。它们共同构成了地域文化传播中精准传播策略的基础框架，为提升地域文化的传播效果提供了有力的数据支持和决策依据。

2. 内容个性化定制

内容分类与标签化、个性化推荐系统以及动态调整与优化，在地域文化传播中形成了紧密而有效的链条，共同推动着地域文化内容更加精准、高效地触达目标受众。

内容分类与标签化是对地域文化庞大内容进行精细化管理的关键环节。地域文化涵盖了历史、民俗、艺术等多个领域，内容丰富多样。为了能够让受众更加便捷地找到自己感兴趣的内容，对地域文化内容进行细致的分类和标签化显得尤为重要。这不仅可以使内容更加条理清晰，还能够为后续的个性化推荐提供有力的数据基础。

个性化推荐系统是地域文化传播中的智能引擎。借助先进的推荐算法和人工智能技术，个性化推荐系统能够根据受众的用户画像和行为数据，精准地为其推荐感兴趣的地域文化内容。这种推荐方式不仅提高了内容的匹配度，还极大地提升了受众的浏览体验，使他们在享受地域文化魅力的同时，感受到个性化服务的温暖。

任何系统都需要不断优化才能保持活力和效率。因此，动态调整与优化成为个性化推荐系统中不可或缺的一环。通过收集受众的反馈和互动行为数据，我们可以及时了解受众对推荐内容的满意度和需求变化。基于这些反馈数据，我们可以动态地调整推荐内容和策略，以确保个性化传播的效果始终保持在最佳状态。

内容分类与标签化、个性化推荐系统以及动态调整与优化在地域文化传播中发挥着举足轻重的作用。它们相互协作、共同发力，确保地域文化内容能够以最合适的方式呈现在最需要的受众面前，从而推动地域文化的广泛传播和深入人心。

3. 传播渠道与方式的个性化选择

在地域文化传播过程中，深入了解受众的渠道偏好、优化传播渠道，以及实施个性化的推送策略，都是提升传播效果的关键步骤。

渠道偏好分析是传播策略制定的前提。不同受众群体对于获取信息的渠道有着各自的偏好和使用习惯。一些人可能更喜欢通过社交媒介获取实时更新的文化资讯，而另一些人则可能倾向于通过移动应用或电子邮件接收与地域文化相关的信息。通过深入分析这些偏好和使用习惯，我们能够更加准确地把握受众的信息接收习惯，从而为后续的传播活动提供有力的数据支撑。

基于受众的渠道偏好，我们需要对传播渠道进行优化与整合。这意味着，我们需要根据受众的实际需求和行为特点，调整不同传播渠道的组合和布局。例如，对于年轻群体，我们可能需要加强在社交媒介上的宣传力度；而对于中老年群体，则可能需要更加注重通过电子邮件或移动应用进行信息传播。通过多渠道协同传播，我们能够确保地域文化的内容更加精准地触达目标受众，实现传播效果的最大化。

个性化推送策略的制定是提升传播针对性和有效性的重要手段。根据受众的群体特征和个人兴趣，我们可以为不同受众群体定制个性化的推送策略。这包括确定最合适的推送时间、推送频率，以及选择最符合受众兴趣的内容形式。例如，对于对民间艺术感兴趣的受众，我们可以定期推送相关的民间艺术活动信息和介绍；而对于对地域历史感兴趣的受众，则可以推送相关的历史故事和解读。通过这样的个性化推送策略，我们能够确保地域文化的内容更加贴近受众的需求和兴趣，从而提升传播的吸引力和影响力。

渠道偏好分析、渠道优化与整合以及个性化推送策略的制定，是提升地域文化传播效果的重要步骤。通过深入了解受众的信息接收习惯、优化传播渠道的组合和布局，以及为不同受众群体定制个性化的推送策略，我们能够更加精准、有效地传播地域文化的魅力，推动文化的传承与发展。

4. 互动与反馈机制的个性化设计

在地域文化传播过程中，与受众的互动、反馈的收集处理，以及策略的持续优化都是至关重要的环节。它们共同构成了一个循环往复、不断完善的传播体系。

互动方式的选择是激发受众参与热情、提升传播效果的关键。不同的受众群体有着不同的喜好和需求，因此，设计多样化的互动方式至关重要。例如，通过在线调查，我们可以了解受众对地域文化的认知程度和兴趣点；话题讨论可以聚集人气，引发受众的思考和交流；文化体验活动能让受众亲身感受地域文化的魅力，从而加深对文化的理解和认同。这些互动方式不仅增加了传播的趣味性，还提高了受众的参与度和黏性。

积极收集和处理受众的反馈意见是优化传播策略的基础。受众的反馈往往能直接反映传播效果的好坏以及受众的需求变化。通过收集受众的意见和建议，我们可以及时发现传播过程中存在的问题和不足，进而对策略进行调整和改进。这种以受众为中心的传播理念，不仅体现了对受众的尊重，也是提升传播效果的有效途径。

持续优化与迭代是个性化传播策略保持活力和竞争力的关键。地域文化传播是一个长期的过程，需要不断地根据受众的反馈和市场的变化进行调整与优化。基于数据分析结果，我们可以对传播策略、内容形式、互动方式等进行持续的优化和迭代，以确保地域文化传播始终与受众的需求保持高度契合。这种持续优化的过程，不仅提升了受众的满意度和忠诚度，也推动了地域文化的深入传播和广泛影响。

通过以上内容，个性化与定制化传播能够满足受众的多样化需求，提高地域文化传播的针对性和有效性。同时，这种传播方式也有助于发现和培养地域文化的忠实受众群体，为地域文化的持续发展和传承提供有力支持。

四、跨界合作与品牌化传播

跨界合作与品牌化传播是地域文化传播策略中的重要组成部分，旨在通过与其他领域、产业的合作以及品牌化建设，共同推动地域文化的广泛传播和深入发展。

1. 跨界合作探索

合作领域选择、合作模式创新与合作项目落地，是在地域文化传播中寻求跨界合作、实现多元化发展的三个重要步骤。

合作领域选择关乎地域文化与外部世界的接口。旅游、教育、艺术、科技等领域与地域文化有着深厚的联系和广泛的合作空间。旅游可以将地域文化的魅力带给更多游客，教育可以传承和弘扬地域文化的价值，艺术可以挖掘和展示地域文化的独特美感，科技可以为地域文化的传播和创新提供强大支持。因此，积极寻求与这些领域的合作机会，是实现地域文化跨界发展的重要途径。

合作模式创新是推动跨界合作深入发展的关键。不同领域有各自的特点和优势，要想实现合作效益的最大化，就必须打破传统思维的束缚，探索多种合作模式。联合推广可以利用各自渠道优势，共同宣传地域文化；资源共享可以实现优势互补，降低发展成本；产品开发可以将地域文化元素融入旅游商品、教育课程、艺术作品中，增加文化附加值。这些创新合作模式有助于形成互利共赢的局面，推动地域文化与各领域深度融合。

合作项目落地是将合作愿景转化为现实成果的关键环节。有了明确的合作领域和创新的合作模式，还需要将其具体化为可操作、可实施的合作项目。这包括制定详细的合作计划，明确各方责任、权益和义务；制定实施方案，细化合作步骤和时间节点；建立有效的沟通协调机制，确保合作过程中的信息畅通和协同配合。只有这样，才能确保跨界合作的顺利进行，最终实现地域文化传播和发展的目标。

2.地域文化元素融入

文化元素提炼、创意产品设计以及消费者体验优化，在地域文化传播的跨界合作中形成了有力的支撑和推动。它们共同助力地域文化与现代生活的融合，使地域文化的魅力得以在更广阔的领域中绽放。

文化元素提炼是跨界合作中的基础工程。地域文化蕴含着丰富的独特元素和符号，如传统工艺、民俗风情、历史人物等。这些元素是地域文化的精髓和特色所在，深入挖掘和提炼这些元素，能够为跨界合作提供源源不断的文化素材。通过对这些元素的精准把握和创新运用，我们可以让地域文化在现代社会中焕发新的活力。

创意产品设计是地域文化与现代生活相结合的关键环节。将地域文化元素巧妙地融入旅游纪念品、教育课程、艺术作品等产品和服务中，不仅可以提升产品的文化内涵和附加值，还能增强产品的市场竞争力和吸引力。这种融合创新的设计思路，有助于推动地域文化的产业化发展，让更多的人通过实际的产品和服务感受到地域文化的独特魅力。

消费者体验优化是确保跨界合作成功的重要因素。在地域文化传播过程中，消费者的感受和体验至关重要。通过场景营造、互动设计等方式，我们可以为消费者创造出沉浸式的文化体验环境，让他们在享受产品或服务过程中深刻感受到地域文化的魅力和价值。这种优化的体验设计能够增强消费者对地域文化的认同感和归属感，从而推动地域文化的更广泛传播和发展。

文化元素提炼、创意产品设计以及消费者体验优化在地域文化传播的跨界合作中发挥着不可替代的作用。它们共同构成了地域文化传播的现代路径，让地域文化的魅力得以在更广阔的领域中传承和发展。

3.品牌化建设策略

品牌定位明确、品牌形象塑造与品牌故事传播，是构建地域文化品牌不可或缺的三大要素。它们共同构成了品牌的骨架、面貌与灵魂，使地域文化品牌能够在激烈的市场竞争中脱颖而出，与消费者建立深厚的情感联系。

品牌定位明确是地域文化品牌建设的基石。地域文化具有丰富多样性和独特性，品牌定位需要精准把握地域文化的核心特点和目标受众的深层次需求。例如，传统与现代结合可以展现地域文化的历史厚重感和时代活力；高端与亲民并存能满足不同消费群体的需求，实现更广泛的市场覆盖。明确的品牌定位有助于指导后续的品牌形象塑造和传播策略，确保品牌信息的一致性和有效性。

品牌形象塑造是地域文化品牌与消费者建立直观联系的重要桥梁。通过视觉识别系统（VIS）、口号、吉祥物等视觉和听觉元素，我们可以塑造出鲜明、独特的品牌形象。VIS 包括标志、标准字、标准色等，它们共同构成了品牌的基础视觉识别体系；口号用简洁有力的语言传达品牌理念和价值；吉祥物以可爱、生动的形象拉近品牌与消费者的距离。这些元素共同作用于消费者的感官，增强品牌的辨识度和记忆点，使地域文化品牌在众多品牌中脱颖而出。

品牌故事传播是地域文化品牌与消费者建立情感联系的关键环节。地域文化背后往往蕴含着丰富的历史故事和深刻的文化内涵。通过挖掘这些故事和内涵，我们可以将品牌与地域文化紧密结合起来，讲述属于品牌自己的故事。这些故事可以展现品牌的成长历程、传承历史文脉、彰显社会责任等，从而激发消费者的情感共鸣和认同感。在传播过程中，我们可以运用多种媒介和渠道，如社交媒介、视频短片、线下活动等，让品牌故事更加生动形象地触达目标受众，实现品牌与消费者的深度互动和情感连接。

4. 传播渠道拓展

传统媒介与新媒介结合、线上线下活动配合以及口碑营销与意见领袖（KOL）合作，构成了地域文化传播的现代化、立体化的策略体系。

传统媒介与新媒介结合为地域文化传播提供了多元化的渠道。报纸、广播电视等传统媒介具有深厚的受众基础和广泛的覆盖范围，能够有效地将地域文化的核心价值传递给大众。同时，社交媒介、短视频等新媒介平台以互动性强、传播速度快的特点，迅速成为年轻人获取信息的首选渠道。综合运用这两种媒介形式，可以形成全方位的传播格局，覆盖各个年龄层和兴趣群体的受众，增强地域文化的社会影响力和认知度。

线上与线下活动配合能够进一步地增强地域文化的吸引力和参与度。通过策划和组织各类文化节、展览、演出等线下活动，可以让受众亲身体验和感知地域文化的魅力，从而加深对文化的理解和认同。同时，线上活动的形式（如网络直播、互动话题讨论等），可以突破时间和空间的限制，吸引更多无法亲临现场的受众参与。这种线上与线下的有机结合，不仅能够扩大地域文化的传播范围，还能够提升受众的参与感和归属感。

口碑营销与 KOL 合作是提升地域文化传播效果的关键策略。口碑营销通过消费者之间的口口相传，能够以真实、可信的方式传播地域文化的独特魅力和价值。而与 KOL 合作能够借助他们的影响力和号召力，快速吸引大量粉丝关注和参与地域文化传播。通过精心策划的合作内容和形式，我们可以将地域文化与时尚、艺术、科技等领域紧密结合，以更加现代化的方式展现给受众，推动地域文化的创新发展和社会影响力的提升。

通过以上内容，跨界合作与品牌化传播能够有效地推动地域文化的广泛传播和深入发展，提升地域文化的知名度和美誉度。同时，这种策略也有助于发现和培养更多的地域文化爱好者与传播者，为地域文化的持续发展和传承奠定坚实的基础。

五、注重受众反馈与持续优化

在地域文化传播过程中，注重受众反馈与持续优化是确保传播效果和质量的关键环节。通过建立受众反馈机制，并据此对传播策略、内容形式等进行调整和改进，可以更好地满足受众需求，提升地域文化的吸引力和影响力。

1. 建立受众反馈机制

反馈渠道设置与反馈收集处理在地域文化传播中扮演着至关重要的角色。它们不仅为受众提供了表达意见和建议的平台，还为传播者提供了宝贵的数据支持，以优化传播策略和提升受众满意度。

反馈渠道设置是确保受众声音被听到的关键。为了满足不同受众群体的需求，我们需要提供多样化的反馈渠道。在线调查是一种常见且有效的方式，通过设计问卷题目，我们可以有针对性地收集受众对地域文化传播的认知、态度和建议。留言板为受众提供了一个随时随地发表看法的空间，他们可以在这里分享自己的感受、提出疑问或建议。此外，社交媒介互动也是不容忽视的渠道，许多受众习惯在社交媒介上分享自己的体验和观点，因此，我们需要在这些平台上积极回应受众的留言和评论，与他们建立良好的互动关系。

反馈收集处理是优化地域文化传播策略的重要环节。定期收集和分析受众的反馈数据，可以帮助我们全面了解受众对地域文化传播的看法和需求。这包括受众对传播内容的兴趣点、对传播方式的偏好、对活动参与度的反馈等。通过数据分析，我们可以发现传播中的亮点和不足，进而调整策略，优化内容，提升传播效果。同时，对负面意见的关注和处理也是至关重要的，它们往往能揭示出传播中存在的问题和隐患，为我们提供改进的方向和动力。

反馈渠道设置与反馈收集处理在地域文化传播中起到桥梁和纽带的作用。它们不仅让受众的声音得以传递，还为传播者提供了宝贵的参考依据，共同推动着地域文化的传承与发展。

2. 持续优化传播策略

策略调整依据与创新传播手段是地域文化传播中确保持续吸引力和影响力的两大关键要素。它们共同作用于传播活动的全过程，使之既能够稳固根基，又能够与时俱进，满足不断变化的受众需求和市场环境。

策略调整依据是地域文化传播的指南针。受众反馈和市场变化是传播策略调整的两个主要依据。受众反馈直接反映了传播活动在受众中的接受程度和效果，是评估传播策略是否有效的重要标准。通过收集和分析受众反馈，我们可以了解受众对传播内容的兴趣点、传播方式的偏好以及他们的实际体验感受，从而及时调整策略，更好地满足受众需求。市场变化是指社会环境、技术发展、竞争态势等因素的变化，它们对地域文化的传播方式、传播渠道和传播效果都可能产生深远影响。因此，我们需要密切关注市场动态，及时调整传播策略，以适应市场变化并抓住新的发展机遇。

创新传播手段是地域文化传播的生命力所在。在数字化、信息化时代，传统的传播手段已经难以满足受众日益多样化的需求。因此，我们需要积极探索新的传播手段和方式，为受众带来更加丰富、生动的体验。VR 和 AR 等技术的兴起，为地域文化传播提供了新的可能性。通过这些技术，我们可以将地域文化的历史场景、传统工艺等以更加真实、立体的方式呈现给受众，让他们仿佛置身于其中，获得更加沉浸式的体验。这种创新的传播手段不仅能够提升受众的参与度和兴趣度，还能够增强地域文化的吸引力和影响力，推动其在更广泛的领域中传播和发展。

策略调整依据与创新传播手段在地域文化传播中起到引领和推动的作用。它们使地域文化的传播活动既能够紧跟时代步伐，又能够保持独特魅力，不断满足受众的多样化需求，推动地域文化的传承与发展。

3. 改进内容形式与呈现

内容优化与形式创新是地域文化传播中相辅相成的两个方面，它们共同确保了传播活动既具有深厚的文化内涵，又能以富有吸引力的方式触达受众。

内容优化是地域文化传播的核心。地域文化涵盖了丰富多样的元素，从传统工艺、历史遗迹到民俗风情、传说故事等，不一而足。为了确保传播的信息既具有文化价值又符合受众兴趣，我们需要根据受众反馈对内容进行筛选、整合和更新。这包括深入挖掘地域文化中的独特性和代表性元素，剔除那些过时或缺乏吸引力的内容，同时整合各方资源，将零散的文化点串联成有逻辑、有故事的文化线索。此外，我们还需要保持对地域文化动态变化的敏感性，及时更新和调整传播内容，确保信息的时效性和准确性。

形式创新是提升地域文化传播效果的重要手段。在注意力稀缺的时代，传统的纯文本或单一图片的传播形式已经难以抓住受众的眼球。因此，我们需要尝试不同的内容呈现形式，以更加生动有趣的方式展示地域文化的魅力。例如，通过精美的图文结合，我们可以将地域文化的视觉元素和文字描述完美地融合在一起，让受众在欣赏美轮美奂画面的同时，深入了解文化背后的故事和内涵。视频讲解可以利用影像和声音的多媒介优势，生动再现地域文化的历史场景和现实风貌，给受众带来更加直观和沉浸式的体验。此外，互动游戏等新型呈现形式也能够让受众在轻松愉悦的氛围中学习和了解地域文化，从而增强传播的趣味性和互动性。

内容优化和形式创新共同推动了地域文化传播的发展。通过精选内容、整合资源和创新呈现方式，我们可以将地域文化的魅力更好地呈现给受众，激发他们的兴趣和热情，从而推动地域文化的广泛传播和持续发展。

4. 关注受众体验与满意度

体验提升与满意度调查在地域文化传播中扮演着举足轻重的角色，它们共同构成了传播效果评估与持续改进的闭环体系。

体验提升是地域文化传播中不可或缺的一环。在数字化传播时代，受众对于信息接收的效率和便捷性有着极高的要求。因此，持续优化受众在接收地域文化传播过程中的体验是至关重要的。具体而言，我们可以通过提高页面加载速度来减少受众的等待时间，让他们能够更快速地获取所需信息；同时，优化界面设计也是提升体验的重要手段，简洁明了的界面布局和符合用户习惯的操作流程能够降低受众的操作难度，提升他们的使用愉悦感。这些改进措施不仅有助于增强受众对地域文化传播的好感度和黏性，还能够提升传播效果，推动地域文化更广泛地传播。

满意度调查是评估地域文化传播效果和改进方向的重要依据。通过定期进行受众满意度调查，我们可以了解受众对地域文化传播的整体评价以及他们的改进期望。这些反馈数据不仅能够帮助我们及时发现传播过程中存在的问题和不足，还能够为我们后续的优化工作提供明确的方向和思路。通过对调查结果的深入分析和挖掘，我们可以更加精准地把握受众的需求和偏好，进而调整传播策略、优化内容形式，实现地域文化传播的持续改进和创新发展。

体验提升与满意度调查在地域文化传播中相互支撑、相互促进。通过不断提升受众体验和收集受众反馈，我们可以不断完善地域文化传播的策略和手段，推动地域文化在更广阔的范围内传播和传承。

5. 形成持续改进的闭环

问题识别与解决以及效果评估与迭代，是地域文化传播中保障质量、提升效果的关键环节。它们构成了一个动态的优化循环，不断推动地域文化传播向更高水平发展。

问题识别与解决是地域文化传播持续改进的起点。通过受众反馈和数据分析，我们可以及时捕捉到传播过程中出现的各种问题和瓶颈。这些问题可能包括内容不准确、传播渠道不畅通、受众体验不佳等。一旦发现问题，我们需要迅速而准确地诊断问题的根源，制定相应的解决方案。解决方案的制定应充分考虑受众需求和市场环境，确保方案的针对性和实效性。同时，我们还需要建立问题跟踪和反馈机制，对解决方案的实施过程进行监控和管理，确保问题得到妥善解决。

效果评估与迭代是地域文化传播持续改进的动力。在实施优化措施后，我们需要对其效果进行评估和跟踪。评估可以通过数据分析、受众调查等方式进行，重点关注优化措施是否达到了预期的目标，是否有效提升了地域文化传播的效果和质量。如果评估结果显示优化措施取得了显著成效，我们应总结经验并继续推广；如果效果不佳或出现了新的问题，我们需要及时进行迭代和调整，尝试新的优化策略。这种不断试错、不断改进的迭代过程，有助于我们逐步完善地域文化传播的策略和手段，实现持续改进和提升。

问题识别与解决以及效果评估与迭代在地域文化传播中发挥着至关重要的作用。它们帮助我们及时发现和解决问题，不断优化和提升传播效果，推动地域文化在更广阔的范围内传播和传承。

通过以上内容，注重受众反馈与持续优化的传播理念有助于建立更加紧密的地域文化与受众之间的联系，提升地域文化传播的质量和效果。同时，这种以受众为中心的传播方式也有助于培养受众对地域文化的认同感和归属感，为地域文化的传承和发展奠定坚实的基础。

第三节　提升地域文化的传播效果

提升地域文化的传播效果，不仅关系到地域文化的传承与发展，更是增强其社会影响力和认同度的关键所在。

一、精准定位目标受众

在地域文化传播过程中，精准定位目标受众是提升传播效果的关键步骤。地域文化具有独特性和特定性，不同的地域文化可能吸引着不同年龄、性别、文化背景和兴趣爱好的受众群体。因此，明确目标受众的特征和需求至关重要。

通过市场调研和数据分析，我们可以深入了解目标受众的年龄分布、性别比例、文化背景以及兴趣爱好等信息。这些数据可以为我们描绘出一幅清晰的目标受众画像，帮助我们更好地了解他们的需求和偏好。

精准定位还意味着我们需要将地域文化的传播内容与目标受众的实际需求相结合。不同的受众群体对地域文化的关注点可能存在差异，有的可能对历史传统感兴趣，有的更关注民俗风情。因此，我们需要根据目标受众的兴趣点来筛选和调整传播内容，确保信息能够引起他们的共鸣和兴趣。

精准定位还需要我们选择合适的传播渠道和方式。不同的受众群体在获取信息的渠道和习惯上也可能存在差异。例如，年轻人可能更倾向于通过社交媒介和短视频平台获取信息，而中老年人则可能更喜欢广播电视等传统媒介。因此，我们需要根据目标受众的媒介使用习惯来选择最合适的传播渠道和方式，确保信息能够准确、高效地触达目标受众。

通过精准定位目标受众，我们可以确保地域文化传播更加有针对性和有效。这不仅能够提升受众对地域文化的认知度和认同感，还能够促进地域文化的传承和发展。同时，精准定位也有助于我们更好地评估传播效果，为后续的优化工作提供有力支持。

二、优化传播内容

地域文化作为特定地理区域内长期形成的文化现象，包含了丰富的历史、民俗、艺术和科学等多个方面的内容。然而，在面向广大受众进行传播时，并不是所有内容都能够引起人们的广泛关注和兴趣。因此，优化传播内容成为提升地域文化传播效果的重要环节。

优化传播内容需要对地域文化进行深入挖掘和筛选。通过系统整理和研究地域文化的历史脉络、典型特征和独特价值，我们可以提炼出最具代表性、最具吸引力的文化元素。这些元素可以是标志性的历史遗迹、独特的民俗风情、杰出的艺术作品或者重要的科学发明等，它们能够生动展示地域文化的独特魅力和深厚底蕴。

优化传播内容还要注重内容的创新性和时代性。地域文化虽然扎根于传统，但并不意味着它与现代生活脱节。相反，通过将地域文化与现代生活相结合，我们可以发现其新的价值和意义。因此，在传播过程中，我们需要运用现代视角和表达方式，对地域文化进行重新解读和包装，使其更加贴近当代受众的审美和需求。这可以包括与现代艺术、科技、教育等领域的跨界合作，推出具有地域文化特色的创意产品和服务，让地域文化在现代社会中焕发出新的活力。

优化传播内容还需要关注内容的可读性和可视化。在信息爆炸的时代，受众往往更倾向于接受直观、易懂的信息。因此，我们需要将地域文化的复杂内容进行简化处理，通过表格、图片、视频等多媒介形式进行可视化展示，帮助受众更快速地理解和接受地域文化。同时，我们还需要运用生动的语言和故事化的叙述方式，将地域文化的魅力以更加人性化的方式呈现给受众，增强传播的感染力和吸引力。

优化传播内容是提升地域文化传播效果的关键步骤。通过深入挖掘和筛选地域文化的代表性元素，注重内容的创新性和时代性，以及关注内容的可读性和可视化，我们可以打造出更具吸引力和影响力的地域文化传播内容，推动地域文化的广泛传播和传承发展。

三、多元化传播渠道

在媒介融合的时代背景下，地域文化传播不再局限于单一渠道，而是需要充分利用各种传播渠道的优势，形成多渠道、多层次的传播格局。这种多元化的传播策略对于提升地域文化的传播范围和影响力至关重要。

传统媒介（如广播电视、报纸等）仍然是地域文化传播的重要渠道。这些媒介拥有广泛的受众基础和较高的公信力，能够通过精心策划的专题报道、纪录片、访谈节目等形式，深入挖掘和展示地域文化的内涵和价值。特别是对于一些年龄较大、习惯使用传统媒介的受众群体，传统媒介仍然是他们获取地域文化信息的主要途径。

社交媒介和短视频平台等新兴媒介形态在地域文化传播中发挥着越来越重要的作用。社交媒介（如微博、微信等）拥有庞大的用户群体和高度互动的传播特性，能够通过分享、转发、评论等方式迅速扩散地域文化信息。短视频平台（如抖音、快手等）以短小精悍的视频内容吸引用户关注，通过生动有趣的视觉呈现和轻松愉快的观看体验，让地域文化更加贴近年轻受众的口味和需求。

通过多元化传播渠道，地域文化可以覆盖更广泛的受众群体。不同渠道的受众在年龄、性别、文化背景等方面存在差异，多元化传播策略能够确保地域文化信息触及各个细分领域的受众。同时，多渠道传播还能够形成互补效应，不同渠道之间可以相互引流、相互促进，从而扩大地域文化的整体传播效果。此外，多元化传播渠道还有助于提升地域文化的传播速度和实时性。在媒介融合背景下，各种传播渠道之间可以实现快速的信息共享和互动反馈。当某一地域文化事件或话题在某一渠道上引发关注时，其他渠道可以迅速跟进报道和传播，形成热点效应，进一步地推动地域文化的广泛传播和讨论。

多元化传播渠道是提升地域文化传播范围和影响力的有效途径。通过充分利用传统媒介、社交媒介、短视频平台等各种传播渠道的优势，我们可以形成多渠道、多层次的传播格局，覆盖更广泛的受众群体，推动地域文化在更广阔的舞台上绽放光彩。

四、强化互动和参与

地域文化传播不同于一般的信息传递，它更深层次的目的是激发受众的情感共鸣，增强他们对地域文化的认同感和归属感。而实现这一目的的关键，在于强化同受众的互动和参与。

在地域文化传播过程中，我们可以通过多种方式鼓励和吸引受众的积极参与。例如，在社交媒介平台上设置与地域文化相关的话题讨论，不仅可以引发受众的思考和讨论，还能通过他们的转发和分享来扩大地域文化的传播范围。此外，线上活动（如知识竞赛、摄影比赛等）也是很好的互动形式，它们能够以更加生动有趣的方式展示地域文化的魅力，同时激发受众的参与热情。

受众的反馈既是评估地域文化传播效果的重要依据，也是我们调整传播策略和内容形式的重要参考。因此，我们需要建立有效的反馈机制，及时收集和分析受众的意见与建议。这些反馈可以帮助我们了解受众对地域文化的认知程度和接受程度，以及他们对传播方式和内容的满意度与期望。根据这些反馈，我们可以有针对性地调整传播策略，优化内容形式，从而更好地满足受众的需求，提升地域文化的传播效果。

强化互动和参与不仅可以提升地域文化的传播效果，还能增强受众对地域文化的认同感和归属感。当受众积极参与地域文化的传播过程，深入了解并体验地域文化的魅力时，他们更容易产生情感共鸣，形成对地域文化的认同和归属。这种认同和归属不仅会激发他们继续传播地域文化的意愿，还能促进地域文化的传承和发展。因此，在地域文化传播过程中，我们应充分认识到互动和参与的重要性，通过多种方式和手段激发受众的参与热情，增强他们的认同感和归属感。只有这样，我们才能真正实现地域文化的有效传播和持续发展。

五、注重传播效果评估

地域文化传播是一个持续的过程，而确保这一过程的有效性和高效性，则需要对传播效果进行定期评估和分析。这种评估不仅关注传播的范围，还深入探究受众的反馈以及所产生的社会影响，从而为未来的传播策略提供有力的数据支持和方向指引。

传播范围的评估是衡量地域文化传播效果的基础。这包括地域文化信息覆盖的地区、触及的受众数量以及信息传播的深度等方面。通过收集和分析各种传播渠道的数据，我们可以了解地域文化在不同地区、不同受众群体中的传播情况，进而评估其传播的广度和深度。这些数据有助于我们发现传播过程中的瓶颈和薄弱环节，为优化传播策略提供重要依据。

受众反馈的收集和分析是评估地域文化传播效果的关键环节。受众是地域文化传播的接受者和评判者，他们的反馈意见直接反映了传播内容的质量和传播方式的有效性。通过问卷调查、在线评论、社交媒介互动等方式，我们可以及时收集受众的反馈意见，了解他们对地域文化的认知程度、接受态度以及对传播方式的满意度等。这些反馈信息有助于我们发现受众的需求和偏好，为调整传播内容和改进传播方式提供重要参考。

社会影响的评估是衡量地域文化传播效果的重要标准。地域文化传播不仅是为了传递信息，更重要的是要产生积极的社会影响，推动地域文化的传承和发展。因此，我们需要关注地域文化传播所带来的社会效应，包括公众对地域文化的认知度提升、地域文化产业的发展情况以及对当地经济社会的贡献等。这些评估结果有助于我们衡量地域文化传播的社会价值，为未来的传播策略制定提供有力支持。

注重传播效果评估是提升地域文化传播效果的重要保障。通过定期评估和分析传播范围、受众反馈和社会影响等方面的数据，我们可以全面了解地域文化传播的现状和效果，为下一步的传播策略调整提供科学依据和方向指引。这将有助于我们更好地推动地域文化的传承和发展，实现其在社会主义现代化建设中的独特价值。

六、建立长效机制

地域文化传播不是一蹴而就的短期活动，而是一个需要长期坚持和持续投入的过程。为了确保地域文化稳定、持续地传播下去并产生深远的影响，我们必须建立一套完善的长效机制。这套机制不仅能够提供持续的政策、资金和人才支持，还能与地域文化产业形成良性互动，共同推动地域文化的繁荣与发展。

政策扶持是长效机制中的重要组成部分。政府可以出台相关政策，鼓励和支持地域文化的传播活动。例如，对于涉及地域文化的项目，可以给予税收减免、资金补贴等优惠措施，吸引更多的社会力量参与进来。同时，政府还可以设立专门的机构或基金，用于资助地域文化的挖掘、研究和传播工作，确保这些活动能够得到持续的资金支持。

资金投入也是长效机制中不可或缺的一环。除了政府的资金支持外，我们还需要积极吸引企业、社会组织和个人等多元化的资金来源。这些资金可以用于地域文化的宣传推广、人才培养、活动举办等方面，为地域文化传播提供坚实的物质保障。同时，我们还需要建立一套合理的资金管理和使用机制，确保资金能够专款专用，发挥最大的效益。

人才培养是长效机制中的另一关键要素。地域文化传播需要一支专业、稳定的人才队伍来支撑。我们可以通过高校、研究机构等渠道培养一批专门从事地域文化研究和传播的人才，为他们提供系统的学术训练和实践机会。同时，我们还可以通过设立奖项、举办比赛等方式，吸引更多的人才投身到地域文化传播事业中。这些人才将为地域文化传播注入新的活力和创意，推动其不断创新和发展。

与地域文化产业形成良性互动也是长效机制中的重要一环。地域文化传播与地域文化产业发展是相辅相成的。一方面，地域文化传播可以提升地域文化的知名度和影响力，为地域文化产业发展创造良好的市场环境和消费氛围；另一方面，地域文化产业发展也可以为地域文化传播提供更多的载体和渠道，推动其更广泛、更深入地传播下去。因此，在建立长效机制过程中，我们需要注重与地域文化产业相关方的沟通与合作，共同打造一条互利共赢、协同发展的文化生态链。

第五章　媒介融合下的地域文化传播实践

媒介融合为地域文化传播实践提供了新的机遇和平台。在这一背景下，地域文化传播应积极探索与实践，以更好地传承和弘扬地方特色文化，提高其在现代社会中的影响力和认知度。

第一节　传统媒介的地域文化传播实践

传统媒介（如广播电视、报纸、杂志等），在地域文化传播中扮演着举足轻重的角色。它们通过长期的实践，积累了丰富的经验，形成了独特的地域文化传播模式。

一、广播电视节目的地域文化传播

1. 广播节目的地域文化传播

广播凭借声音传播的特性，一直在地域文化传播中占据独特地位。它通过方言节目、地方戏曲、民俗文化等丰富多彩的内容，为听众描绘出一幅幅生动的地域文化画卷，不仅丰富了人们的精神生活，也加深了人们对地域文化的了解和认同。

方言节目是广播地域文化传播的重要载体。方言作为地域文化的重要组成部分，承载着丰富的历史文化信息和地域特色。广播通过开设方言节目，如方言新闻、方言故事等，让听众在熟悉的语言环境中感受到家乡的温暖和文化的魅力。这些节目不仅为方言的传承和发展提供了平台，也增强了听众对地域文化的归属感和认同感。

地方戏曲是广播地域文化传播的另一重要内容。地方戏曲作为中华传统文化的瑰宝，含有深厚的历史底蕴和艺术价值。广播通过播放地方戏曲节目，如京剧、昆曲、川剧等，让听众在欣赏优美旋律的同时，也了解到戏曲所承载的地域文化和历史故事。这些节目不仅丰富了广播的内容形式，也为地方戏曲的传承和推广作出了贡献。

民俗文化也是广播地域文化传播的重要内容之一。民俗文化是地域文化的重要组成部分，包括民间传说、节庆习俗、手工艺等方面。广播通过深入挖掘和整理当地的民俗文化资源，制作和播放相关的节目，如民俗故事、节庆活动报道等，让听众更加深入地了解和感受民俗文化的魅力和价值。这些节目不仅增强了广播的地域特色，也为民俗文化的传承和发展注入了新的活力。

除了以上内容外，广播还可以与地方政府、文化机构等合作，举办地域文化主题活动。这些活动可以包括地域文化讲座、展览、演出等多种形式，旨在进一步地扩大地域文化的影响力，吸引更多的人关注和参与地域文化传播。通过与政府、文化机构的合作，广播可以获得更多的资源和支持，为地域文化的传播和发展贡献更大的力量。

广播在地域文化传播中发挥着重要作用。通过方言节目、地方戏曲、民俗文化等内容的播放以及与政府、文化机构的合作，广播能够有效地传递地域文化信息，增强听众对地域文化的认同感，并为地域文化的传承和发展作出积极贡献。

2. 电视节目的地域文化传播

电视节目作为视听媒介，通过画面和声音的完美结合，为地域文化传播提供了广阔的空间。

（1）地方纪录片与专题报道。电视节目制作的地方纪录片，无疑是展现地域文化特色的重要媒介。这些纪录片综合运用了影像、声音、文字等多种表达手段，通过真实的拍摄手法，将地方的历史遗迹、人文风情、自然景观等生动而具体地呈现在观众面前。它们不仅仅是简单的记录，更是对地域文化深度和广度的挖掘，是对历史的追溯、对人文的解读、对自然的赞美。

在拍摄过程中，纪录片制作团队往往会深入到地方的各个角落，与当地人交流，亲身体验和感受地域文化的独特魅力。他们通过镜头捕捉那些富有地方特色的细节，如古老的建筑、独特的民俗、美丽的风景等，让观众能够身临其境地感受到地域文化的真实与鲜活。此外，专题报道也是电视节目展现地域文化的常用方式。与纪录片相比，专题报道更注重对特定地域文化事件的深入挖掘和报道。它们通常以某一地域文化现象或事件为切入点，通过详细的采访、调查和分析，揭示地域文化的内涵和价值。这些报道不仅为观众提供了了解地域文化的窗口，也引导观众去关注和思考地域文化的传承与发展。

电视节目制作的地方纪录片和专题报道在地域文化传播中发挥着不可替代的作用。它们通过真实的记录和深入的报道，为观众打开了一扇扇了解地域文化的大门，让观众在欣赏和感受中更加深入地了解和热爱自己的家乡文化。同时，它们也为地域文化的传承和发展注入了新的活力，推动着地域文化在我国现代化进程中不断焕发新的光彩。

（2）风光片与旅游节目。风光片作为一种视觉与听觉相结合的艺术形式，以其精美的画面和深情的解说，为观众展示着地方独特的自然风光和人文景观。在风光片的镜头下，观众仿佛能够穿越时空，身临其境地感受到大自然的壮丽与人文的韵味。这些风光片不仅捕捉了地方的美丽瞬间，更通过精心的剪辑和配乐，将自然风光与人文景观完美地融合在一起，为观众呈现出一幅幅令人陶醉的画卷。与此同时，旅游节目在地域文化传播中也扮演着重要的角色。这类节目通过详细介绍地方的旅游资源、特色美食、民俗活动等，为观众勾勒出一个立体而生动的地方形象。观众在观看旅游节目过程中，不仅能够了解到地方的自然风光和人文特色，还能被激发出强烈的探索欲望。这种探索欲望不仅源于对未知的好奇，更源于对地域文化的热爱和向往。值得一提的是，风光片与旅游节目在吸引观众对地域文化产生兴趣的同时，也为地方旅游业的发展带来了积极的推动作用。通过观看这些节目，观众能够更加深入地了解地方的文化底蕴和旅游价值，从而产生强烈的旅游意愿。这种旅游意愿的转化，不仅为地方带来了可观的旅游收入，更推动了地方旅游产业的升级和发展。

风光片和旅游节目通过各自独特的方式，共同为地域文化的传播和地方旅游业的发展贡献着力量。它们以优美的画面、生动的解说和详细的介绍，将地方的魅力展现得淋漓尽致，让观众在欣赏与了解的过程中，不断加深对地域文化的认知和喜爱。

（3）民俗节目与文艺表演。民俗节目在电视媒介的呈现中，充当了展现地域文化多样性的关键角色。这类节目深入挖掘并展示了地方的民间艺术、传统工艺、节庆活动等元素，为观众打开了一扇扇窥探地域文化丰富内涵的窗户。

通过精心策划和制作，民俗节目将那些在日常生活中可能逐渐被淡忘，但极具地方特色和历史文化价值的民俗活动，以影像的形式生动地呈现在观众面前。观众可以从中领略到不同地域独特的艺术风格，感受传统工艺的精湛技艺，以及节庆活动中含有的深厚文化底蕴。这些展示不仅让观众对地域文化有了更加直观和深入的了解，也激发了他们对多元文化的尊重和热爱。此外，电视节目还通过举办或转播各种文艺晚会和表演活动，进一步地丰富了地域文化的传播渠道。地方戏曲演出、民族歌舞表演等艺术形式，在电视上得到了广泛的传播和推广。这些活动不仅为观众提供了欣赏地域文化艺术的平台，也促进了不同地域、不同民族之间的文化交流与融合。

民俗节目与文艺表演等电视活动，在展现地域文化多样性、传承和弘扬传统文化方面发挥着不可替代的作用。它们通过电视这一大众传播媒介，让地域文化的魅力得以跨越时空的限制，触达更广泛的受众群体，为保护和传承地域文化作出了积极的贡献。

（4）互动节目和观众参与。为了进一步地拉近与观众的距离，并增强他们对地域文化的参与感和归属感，电视媒介精心策划了多种互动节目。这些节目旨在通过观众的积极参与和实时反馈，构建一种活跃且富有生命力的文化传播环境。

地域文化知识竞赛是一种极为有效的互动形式。在这类节目中，观众可以通过回答与地域文化相关的问题来展示自己的知识储备，同时能够在竞赛过程中学习到更多有趣且实用的文化知识。这种竞赛形式不仅检验了观众对地域文化的了解程度，更激发了他们学习和探索的热情。

观众投票评选也是电视节目常用的一种互动方式。通过让观众投票选择自己喜爱的地域文化元素、节目或表演者，电视节目能够直观地了解到观众的喜好和需求，从而更加精准地推送符合大众口味的地域文化内容。同时，这种投票评选的方式也让观众感受到自己的意见和选择被重视，增强了他们的参与感和归属感。

这些互动节目的成功实施，不仅显著提升了地域文化的传播效果，让更多的人了解和喜爱上地域文化，还加强了电视节目与观众之间的互动和联系。通过观众的积极参与和反馈，电视节目得以不断优化节目内容和形式，满足观众日益增长的文化需求。这种良性的互动循环无疑为地域文化的传承和发展注入了新的活力。

（5）跨媒介合作与多渠道传播。电视节目在地域文化传播过程中，始终保持着开放与合作的姿态，积极寻求与各类媒介机构的合作机会。这种跨媒介合作不仅拓宽了地域文化传播的渠道，更通过不同媒介形式的互补，使地域文化得以更全面、更深入地展示给广大受众。

与广播的合作是一种常见的跨媒介合作方式。电视节目中的地域文化节目可以通过广播进行音频传播，让那些无法通过电视观看节目的受众也能通过广播收听到相关内容。这种合作方式使得地域文化传播不再受限于特定的时间和空间，进一步地扩大了受众范围。

与报纸、杂志的合作也是电视节目地域文化传播的重要一环。报纸、杂志作为传统的纸质媒介，具有广泛的读者群体和稳定的传播渠道。电视节目可以将地域文化节目的精彩片段、深度报道等内容提供给报纸、杂志，通过文字、图片等多种形式进行传播。这种合作方式不仅丰富了报纸、杂志的内容，也为地域文化的传播提供了更多的可能性。此外，随着新媒介的快速发展，电视节目也开始积极与新媒体进行合作。新媒体具有传播速度快、互动性强等特点，可以为地域文化传播带来全新的体验。电视节目可以将地域文化节目进行数字化处理，通过新媒介平台进行在线播放、分享和互动，吸引更多年轻受众的关注和参与。同时，新媒介平台还可以为电视节目提供数据分析、用户反馈等信息，帮助电视节目更好地了解受众需求，优化节目内容和传播策略。

通过跨媒介合作，电视节目能够将地域文化信息覆盖更广泛的受众群体，提升地域文化的影响力。这种合作方式不仅有助于地域文化的传承和发展，也促进了不同媒介机构之间的互利共赢。未来，随着媒介技术的不断创新和发展，电视节目将继续探索更多形式的跨媒介合作，为地域文化传播贡献更多力量。

电视节目在地域文化传播中发挥着重要作用。通过制作和播放地方纪录片、风光片、民俗节目等多样化内容，以及利用互动节目和跨媒介合作等方式，电视节目能够生动形象地展示地域文化的独特魅力，并吸引更多观众关注和参与地域文化的传播活动。

二、报纸、杂志的地域文化传播

报纸、杂志作为历史悠久的文字类传统媒介，在地域文化传播中发挥着不可或缺的作用。它们通过精心策划和深入报道，为公众呈现地域文化的多维面貌，不仅提升了地域文化的知名度，还促进了文化的交流与传承。

1. 开设地域文化专栏与专版

报纸、杂志作为传统纸质媒介，在地域文化传播中发挥着举足轻重的作用。它们通过开设地域文化专栏、推出专版等方式，深入剖析地域文化的内涵与魅力，为读者提供了丰富而深入的文化体验。

许多报纸、杂志会定期或不定期地开设地域文化专栏，这些专栏是传播地域文化的重要窗口。专栏的撰写者往往包括专家学者和文化名人，他们通过专业的视角和独特的见解，深入剖析地域文化的历史渊源、发展脉络和独特魅力。这些文章不仅具有学术性，能够满足专业研究者的需求；同时具备通俗性，能够吸引普通读者的关注。

地域文化专栏的内容丰富多样，既有对地方历史文化的深入挖掘，也有对当地民俗风情的生动描绘。这些文章不仅让读者了解到地域文化的深厚底蕴，也让他们感受到地域文化的独特魅力。通过专栏的连续报道，读者可以逐渐建立起对某一地域文化的全面认知，进而增强对地域文化的认同感和归属感。

除了开设地域文化专栏外，一些报纸、杂志还会推出地域文化专版。这些专版通常以某一地区为主题，集中展示该地区的文化风貌和特色。专版的内容包括文字、图片、表格等多种形式，能够全方位、多角度地呈现地域文化的魅力。通过专版的推出，报纸、杂志不仅为读者提供了了解地域文化的直观途径，也为地方文化的传播和推广提供了有力的支持。

报纸、杂志通过开设地域文化专栏、推出专版等方式，深入剖析地域文化的内涵与魅力，为读者提供了丰富而深入的文化体验。这些举措不仅有助于地域文化的传播和推广，也增强了读者对地域文化的认知和了解。

2. 发表地域文化研究论文与文学作品

报纸、杂志作为地域文化研究成果和文学作品的重要发表平台，在推动地域文化研究深入发展和促进文化交流方面，发挥着不可替代的作用。

报纸、杂志为地域文化研究成果的发表提供了广阔的舞台。众多学者和研究人员通过深入挖掘和整理地域文化的丰富资源，形成了大量具有学术价值的研究成果。这些论文、报告和专著通过报纸、杂志的发表，得以广泛传播和交流，进一步地推动了地域文化研究的深入发展。在报纸、杂志上，读者可以接触到最前沿的研究动态，了解到最新的学术观点，从而不断拓展自己的知识视野和认知深度。

报纸、杂志也是文学作品展现地域文化韵味和情感的重要载体。文学作品以独特的艺术形式和表现手法，生动而细腻地描绘地域文化的风土人情、历史传统和社会变迁。小说、散文、诗歌等不同类型的文学作品，通过报纸、杂志的发表，能够让更多的读者感受到地域文化的独特魅力和深厚底蕴。这些作品不仅让读者在审美上得到满足，更能够引发他们对地域文化的思考和关注，从而进一步地推动地域文化的传承和发展。

报纸、杂志在发表地域文化研究成果和文学作品的同时，也促进了学术交流和文化互动。不同地域、不同文化背景的学者和作家通过报纸、杂志这一平台，可以相互学习、交流和借鉴，共同推动地域文化的繁荣和发展。这种跨地域、跨文化的交流，有助于打破文化壁垒，增进相互了解和尊重，为构建和谐多元的文化格局贡献力量。

报纸、杂志作为地域文化研究成果和文学作品的重要发表平台，在推动地域文化研究深入发展、促进文化交流和文化互动方面发挥着重要作用。通过发表相关论文和文学作品，报纸、杂志不仅丰富了地域文化的内涵和表现形式，还让更多的人能够了解和感受到地域文化的独特魅力和深厚底蕴。

3. 推出地域文化特刊或专题报道

为了更深入地挖掘和传播地域文化，报纸、杂志积极寻求与地方政府、文化机构等合作伙伴的紧密合作，共同推出地域文化特刊或专题报道。这种合作方式不仅有助于全方位、多角度地展示地域文化的魅力，也提升了报纸、杂志在地域文化传播中的影响力和权威性。

在与地方政府、文化机构的合作中，报纸、杂志通过深入调研和精心策划，围绕某一地域文化的核心元素或重大事件展开特刊或专题报道。这些报道不仅涵盖了地域文化的历史渊源、发展脉络，还深入挖掘了地域文化的独特内涵和时代价值。通过全方位的报道和深入的解读，读者能够对该地域文化有更全面、深入的了解，从而增强对地域文化的认同感和自豪感。此外，这种合作方式也使得报纸、杂志在地域文化传播中更具权威性和公信力。地方政府和文化机构作为地域文化的权威代表，拥有丰富的文化资源和深厚的文化底蕴。通过与这些机构的合作，报纸、杂志能够获取更多真实、准确的文化信息，为读者提供更可靠、更有价值的内容。同时，这种合作也提升了报纸、杂志的品牌形象和影响力，使其在地域文化传播中占据更加重要的地位。值得一提的是，地域文化特刊或专题报道的推出，还能够吸引更多读者的关注和参与。这些特刊和专题报道往往设计精美、内容丰富，能够激发读者的阅读兴趣。同时，通过举办相关活动、开展互动讨论等方式，报纸、杂志还能够与读者建立更紧密的联系，促进地域文化的传播和交流。

通过与地方政府、文化机构等合作推出地域文化特刊或专题报道，报纸、杂志能够更深入地挖掘和传播地域文化，提升其在地域文化传播中的影响力和权威性。这种合作方式不仅有助于推动地域文化的传承和发展，也促进了文化交流和互鉴，为构建和谐多元的文化格局作出了积极贡献。

4. 举办地域文化征文比赛与活动

为了激发公众对地域文化的热爱与好奇心，报纸、杂志纷纷举办形式多样的地域文化征文比赛与活动。这些举措不仅为读者提供了一个展示自己才华的平台，更通过广泛征集优秀作品，为报纸、杂志注入了新鲜的内容和创意，进一步地推动了地域文化传播。

地域文化征文比赛是报纸、杂志激发公众兴趣的重要手段之一。这类比赛往往设定明确的主题和征稿要求，鼓励读者围绕地域文化的各个方面进行创作。无论是描绘自然风光、记录民俗风情，还是讲述历史故事、抒发个人情感，读者都可以用自己的笔触展现地域文化的独特魅力。通过参与比赛，读者不仅能够锻炼自己的写作能力，还有机会获得丰厚的奖励和认可，进一步地激发他们对地域文化的兴趣和热情。

除了征文比赛，报纸、杂志还会举办各种与地域文化相关的活动。例如，可以组织地域文化摄影展，邀请读者提交反映地域文化特色的摄影作品；或者举办地域文化讲座和研讨会，邀请专家学者和文化名人分享他们对地域文化的见解和研究成果。这些活动不仅为读者提供了更直观、更深入地体验地域文化的机会，也促进了读者之间的交流和互动，增强了他们对地域文化的认同感和归属感。

通过举办征文比赛和活动，报纸、杂志不仅丰富了自身的内容资源，还为地域文化传播注入了新的活力和创意。这些比赛和活动所征集的优秀作品和精彩瞬间，往往成为报纸、杂志的亮点和特色，吸引了更多读者的关注力。同时，这些活动也有效地扩大了地域文化的影响力，让更多的人了解、关注和参与到地域文化的传承和发展中。

报纸、杂志通过举办地域文化征文比赛和活动，成功地激发了公众对地域文化的热爱与好奇心，为地域文化传播注入了新的活力和创意。这些举措不仅丰富了报纸、杂志的内容资源，也推动了地域文化的传承和发展，让更多的人能够感受到地域文化的独特魅力和深厚底蕴。

5. 利用新媒介渠道进行多元化传播

随着新媒介技术的迅猛发展，报纸、杂志等传统媒介也积极拥抱变革，不断探索与新媒介的融合之路。在地域文化传播方面，报纸、杂志充分利用官方网站、社交媒介等新媒介渠道，实现了多元化、广泛化的传播，将地域文化的魅力展现给更多受众。

报纸、杂志通过官方网站这一新媒介平台，将传统纸媒的内容资源进行了数字化处理，以更加便捷、直观的方式呈现给读者。在官方网站上，读者可以浏览到报纸、杂志的电子版，随时随地了解地域文化的最新动态和深度报道。同时，网站还提供了丰富的图片、视频等多媒介内容，让读者能够更加直观地感受到地域文化的独特魅力。

除了官方网站，报纸、杂志还积极利用社交媒介这一新媒介渠道，与读者进行实时互动和交流。通过微博、微信、抖音等社交平台，报纸、杂志发布地域文化相关的短视频、图文信息等内容，吸引了大量年轻受众的关注和参与。这些平台上的内容不仅具有时效性和互动性，还能够通过分享、转发等方式迅速扩散，扩大地域文化的影响力。

通过新媒介渠道的传播，报纸、杂志实现了地域文化的跨媒介传播。这种传播方式不仅拓宽了地域文化的受众范围，还增强了报纸、杂志与读者之间的互动和交流。读者可以通过留言、评论等方式表达自己的观点和感受，与报纸、杂志进行实时互动。这种互动不仅有助于提升读者的参与感和归属感，还能够为报纸、杂志提供宝贵的反馈和建议，促进其不断改进和提升传播效果。

报纸、杂志通过积极拥抱新媒介变革，利用官方网站、社交媒介等新媒介渠道进行多元化传播，成功地将地域文化的魅力展现给更多受众。这种跨媒介的传播方式不仅拓宽了地域文化的传播渠道，还增强了报纸、杂志与读者之间的互动和交流，为地域文化的传承和发展注入了新的活力。

报纸、杂志在地域文化传播中发挥着重要作用。通过开设专栏、发表论文和文学作品、推出特刊或专题报道、举办征文比赛和活动以及利用新媒体渠道等方式，报纸、杂志能够深入挖掘和传播地域文化的内涵和价值，提高公众对地域文化的认知度和关注度。

三、传统媒介在地域文化传播中的挑战与应对策略

传统媒介在地域文化传播中虽然具有深厚的基础和影响力，但随着新媒介的崛起，它们也面临着前所未有的挑战。为了在新媒介时代保持竞争力并继续发挥地域文化传播的重要作用，传统媒介需要采取一系列应对策略。

1. 挑战

在新媒介时代的冲击下，传统媒介面临着多方面的挑战，其中受众分流、内容同质化、互动性和参与性不足以及传播速度和范围受限等问题尤为突出。

受众分流是传统媒介面临的一大难题。随着新媒介平台的不断涌现，大量年轻受众被吸引到这些平台上，导致传统媒介的受众基础受到严重冲击。年轻受众更倾向于通过社交媒介、短视频等新媒介获取信息和娱乐，而传统媒介的读者群则逐渐老龄化，受众基础不断缩小。

内容同质化也是传统媒介需要面对的问题。在追求时效性和热点的过程中，传统媒介往往会出现内容同质化现象，缺乏独特性和深度。大量的新闻报道和文章都集中在相同的热点话题上，导致读者难以区分不同媒介之间的差异，也难以从中获得有价值的信息。

互动性和参与性不足也是传统媒介的一大软肋。相比新媒介，传统媒介在受众互动和参与方面存在明显不足。新媒介平台可以通过留言、评论、点赞等方式与受众进行实时互动，而传统媒介则往往只能提供单向的信息传递，缺乏与读者的有效互动。这种不足使得传统媒介难以满足受众日益增长的需求，也难以吸引年轻受众的关注和参与。

传播速度和范围受限也是传统媒介需要克服的问题。传统媒介的传播速度和覆盖范围相对有限，往往受到印刷、发行等物理因素的制约，难以与新媒介的即时性和全球性相抗衡。新媒介平台可以迅速将信息传播到全球各地，而传统媒介则需要经过一系列烦琐的流程才能将信息传播出去，这使其在信息传播速度和范围上处于劣势地位。

传统媒介在受众分流、内容同质化、互动性和参与性不足以及传播速度和

范围受限等方面面临着诸多挑战。为了应对这些挑战，传统媒介需要积极拥抱新媒介变革，加强内容创新，提升互动性和参与性，拓展传播渠道，以更好地适应时代发展和受众需求的变化。

2. 应对策略

（1）媒介融合与跨平台传播。在新媒介时代，传统媒介纷纷寻求与新媒介平台的合作，以扩大内容传播的范围和影响力。通过与新媒介平台的合作，报纸、杂志等传统媒介得以将内容推送到更广泛的受众群体，进一步地提升了地域文化的传播效果。

与新媒介平台的合作使传统媒介的内容得以迅速扩散。新媒介平台具有用户基数大、传播速度快的特点，通过合作，传统媒介的内容可以被快速推送到这些平台上，从而吸引更多潜在受众的关注。例如，报纸、杂志可以与新闻类APP、社交媒介等平台合作，将报道和文章同步发布到这些平台上，使更多用户能够便捷地获取地域文化的相关信息。

利用社交媒介、短视频平台等新媒介渠道，传统媒介能够增强内容的传播力和影响力。社交媒介具有互动性强、用户黏性高的特点，通过在这些平台上发布地域文化相关的短视频、图文等内容，能够迅速引发用户的关注和讨论。短视频平台以直观、生动的形式吸引了大量年轻受众，通过在这些平台上展示地域文化的独特魅力，能够激发更多的人对地域文化的兴趣和热爱。

实现内容的跨平台传播也是传统媒介与新媒介合作的重要方向。通过打破传播壁垒，实现内容的跨平台共享，可以提高内容的可达性和传播效果。传统媒介可以与各大新闻网站、视频平台等建立合作关系，将内容以多种形式进行呈现和传播，满足不同受众群体的需求。这种跨平台传播不仅拓宽了地域文化的传播渠道，还提升了传统媒介在新媒介时代的竞争力。

通过与新媒介平台的合作，传统媒介得以将内容推送到更广泛的受众群体，增强了内容的传播力和影响力。利用社交媒介、短视频平台等新媒介渠道，打破了传播壁垒，实现了内容的跨平台传播。这些举措不仅有助于提升地域文化的知名度和影响力，也促进了传统媒介在新媒介时代的转型和发展。

（2）大数据与人工智能技术的应用。在新媒介时代，传统媒介积极拥抱大数据和人工智能等先进技术，以优化内容制作和传播流程，提升传播效果。这些技术的应用不仅有助于深入了解受众喜好和行为习惯，还为内容制作和传播提供了有力的数据支持。

利用大数据技术分析受众喜好和行为习惯是提升内容制作和传播效果的关键。通过收集和分析用户在新媒介平台上的浏览记录、搜索历史、互动行为等数据，传统媒介可以精准地把握受众的兴趣偏好、信息需求和阅读习惯。这些数据为媒介机构提供了宝贵的参考信息，使其能够更加有针对性地策划和制作内容，以满足受众的个性化需求。

通过人工智能技术实现内容的个性化推荐和精准投放，可以进一步地提高传播的针对性和有效性。基于大数据分析的结果，人工智能算法可以为用户推荐与其兴趣相关的内容，确保信息能够精准地触达目标受众。这种个性化推荐不仅提高了受众的满意度和黏性，还有助于扩大内容的传播范围和影响力。

利用大数据和人工智能技术还可以优化内容制作流程，提高生产效率和质量。通过对海量数据的挖掘和分析，媒介机构可以更加准确地把握市场趋势和热点话题，为内容选题提供有力支持。同时，人工智能技术还可以应用于内容创作、编辑和审核等环节，提高内容制作的自动化和智能化水平，降低人力成本，提升内容质量。

利用大数据和人工智能技术进行内容制作和传播是传统媒介在新媒介时代的重要策略。这些技术的应用不仅有助于深入了解受众需求，实现内容的个性化推荐和精准投放，还能优化内容制作流程，提高生产效率和质量。通过不断探索和实践，传统媒介将在新媒介时代焕发新的活力。

（3）强化互动和参与。随着信息技术的迅猛发展，大数据和人工智能技术已经深入我们生活的方方面面，特别是对于媒介行业来说，这些技术为内容制作和传播带来了革命性的变革。下面将详细阐述如何利用大数据和人工智能技术来优化内容制作和传播流程，提高传播效果。

利用大数据技术分析受众喜好和行为习惯，为内容制作和传播提供精准的数据支持。大数据的核心在于其庞大的数据量和精准的分析能力，通过对用户在各平台上的行为数据进行收集和分析，我们可以深入了解受众的兴趣偏好、信息需求和阅读习惯。比如，通过分析用户在社交媒介上的点赞、评论和分享行为，我们可以发现用户对不同类型内容的喜好程度；通过分析用户的搜索历史和浏览记录，我们可以洞察用户的信息需求和兴趣变化。这些精准的数据支持可以帮助媒介机构更加有针对性地策划和制作内容，确保信息能够触达目标受众，提高传播效果。

通过人工智能技术实现内容的个性化推荐和精准投放。人工智能算法可以根据用户的兴趣偏好和行为习惯，为用户推荐与其需求高度匹配的内容。比如，当用户浏览某篇关于地域文化的文章时，人工智能技术可以自动推荐与该地域相关的其他文章、视频或图片，满足用户的深度阅读需求。同时，人工智能技术还可以根据用户的地理位置、时间等因素，进行精准的内容投放，确保信息能够在最合适的时机触达用户。这种个性化推荐和精准投放不仅提高了传播的针对性和有效性，还增强了用户的阅读体验和黏性。

利用这些技术还可以优化内容制作流程，提高生产效率和质量。在内容选题方面，大数据和人工智能技术可以帮助媒介机构快速发现热点话题和受众需求，为选题提供有力支持；在内容创作方面，人工智能技术可以提供智能写作、智能编辑等功能，降低人力成本，提高内容生产的自动化水平；在内容审核方面，人工智能技术可以帮助媒介机构快速识别不良信息和违规内容，确保内容的安全性和合规性。这些技术的应用不仅提高了生产效率，还提升了内容的质量和可读性。

利用大数据和人工智能技术进行内容制作和传播是媒介行业在新时代的重要策略。通过深入分析受众喜好和行为习惯，实现内容的个性化推荐和精准投放，以及优化内容制作流程，我们可以提高传播的针对性和有效性，提升用户的阅读体验和黏性，进一步地推动媒介行业的发展和创新。

（4）内容创新与深度挖掘。在新媒介时代的冲击下，传统媒介若想保持其竞争优势和影响力，就必须注重内容的独特性和深度，避免同质化竞争。同时，深入挖掘地域文化的内涵和价值，推出具有地方特色的精品内容，是传统媒介在地域文化传播中的重要策略。此外，鼓励原创内容和独家报道，不仅可以提升传统媒介的权威性和影响力，还能进一步地巩固其在受众心中的地位。

注重内容的独特性和深度是传统媒介在激烈竞争中脱颖而出的关键。传统媒介应该关注社会热点，但不盲目跟风，要通过独特的视角和深入的剖析，为受众提供有深度、有见解的内容。通过独特的观点和分析，传统媒介可以形成自己的品牌特色，吸引更多忠实受众。

深入挖掘地域文化的内涵和价值是传统媒介在地域文化传播中的使命。地域文化是一个地区的独特标志，蕴含着丰富的历史、人文和自然资源。传统媒介应该通过深入采访、实地调查等方式，挖掘地域文化的独特魅力，将其以生动、有趣的形式呈现给受众。这样的内容不仅具有地方特色，还能引发受众的共鸣和认同，提升地域文化的知名度和影响力。

鼓励原创内容和独家报道是传统媒介提升自身权威性和影响力的有效途径。原创内容代表了媒介的创新能力和独立思考精神，是媒介品牌的重要组成部分。独家报道意味着媒介在某一领域或事件上具有独家获取信息和发布权，能够吸引更多受众的关注和信任。通过加强原创内容和独家报道的推出，传统媒介可以建立起自己的信息优势，提升在受众心中的权威地位。

注重内容的独特性和深度、深入挖掘地域文化的内涵和价值、鼓励原创内容和独家报道，是传统媒介在新媒介时代应对挑战、提升自身竞争力的关键策略。通过这些举措，传统媒介可以更好地满足受众的需求，巩固其在地域文化传播中的地位，为地域文化的传承和发展贡献力量。

（5）提升传播速度与扩大覆盖范围。在新媒介时代的浪潮中，传统媒介为了保持竞争力，必须积极利用新媒介渠道提高传播速度，确保信息的及时性和时效性。同时，通过合作与共享资源，传统媒介能够扩大自身的覆盖范围和传播渠道，更好地满足受众的需求。此外，探索新的传播方式和手段（如直播、短视频等），也是传统媒介适应受众需求变化的重要举措。

利用新媒介渠道是提高传统媒介传播速度和时效性的关键。新媒介平台具有传播速度快、互动性强等特点，传统媒介可以通过在新媒介平台上发布新闻、推送消息等方式，迅速将信息传播给受众。同时，新媒介平台还可以实现信息的实时更新和滚动播报，确保受众能够在第一时间获取最新的信息。这种及时性和时效性的提升，有助于传统媒介在信息传播领域保持领先地位。

合作与共享资源是传统媒介扩大覆盖范围和传播渠道的有效途径。通过与其他媒介机构、新媒介平台等进行合作，传统媒介可以共享彼此的资源，实现互利共赢。例如，传统媒介可以与新媒介平台合作推出联合报道、共享新闻素材等，通过双方的资源互补，扩大信息的传播范围。此外，传统媒介还可以与其他媒介机构进行合作，共同策划大型活动、推出专题报道等，通过合作的力量提升传播效果。

探索新的传播方式和手段是传统媒介适应受众需求变化的重要举措。随着科技的不断发展，受众对于信息的需求和接受方式也在不断变化。传统媒介需要紧跟时代潮流，探索新的传播方式和手段，以满足受众的需求。例如，直播、短视频等新媒介形式在近年来迅速崛起，成为受众获取信息的重要渠道。传统媒介可以积极尝试这些新媒介形式，通过直播报道、短视频制作等方式，为受众提供更加生动、直观的信息内容。

利用新媒介渠道提高传播速度、合作与共享资源扩大覆盖范围以及探索新的传播方式和手段，都是传统媒介在新媒介时代应对挑战、提升竞争力的关键举措。通过这些努力，传统媒介可以更好地适应受众需求的变化，保持其在信息传播领域的领先地位。

传统媒介在地域文化传播中面临着多方面的挑战，但通过积极拥抱媒介融合、利用大数据与人工智能技术、强化互动和参与、内容创新与深度挖掘以及提升传播速度与扩大覆盖范围等策略，它们可以有效应对这些挑战，并继续发挥重要作用。

第二节　新媒介的地域文化传播实践

随着科技的快速发展，新媒介逐渐崛起，并成为地域文化传播的重要力量。新媒介具有传播速度快、互动性强、覆盖范围广等特点，为地域文化传播提供了更加广阔的空间和可能性。

一、社交媒介平台的地域文化传播

社交媒介平台在地域文化传播中发挥着举足轻重的作用，它们通过用户生成内容和分享机制，为地域文化传播提供了广阔的空间和无限的可能。

社交媒介平台（如微博、微信、抖音等）为地域文化传播提供了多样化的内容形式。个人、机构和组织可以通过这些平台发布关于地域文化的图片、视频、文章等，内容形式丰富多样，能够充分展示地域文化的独特魅力。这些平台还提供了便捷的上传和编辑工具，使得内容制作和发布更加简单高效。

社交媒介平台通过点赞、评论和转发等社交功能，使地域文化的影响力得以迅速扩大。当用户在社交媒介上发布关于地域文化的内容时，他们的朋友、粉丝和其他关注者可以通过点赞、评论和转发来表达对内容的认可与支持，进一步地将地域文化的内容传播到更广泛的受众群体中。这种裂变式的传播方式，使地域文化能够在短时间内获得大量的关注和讨论。

社交媒介平台还经常举办与地域文化相关的线上活动，进一步地推动地域文化的传播。这些活动形式各异，如话题讨论、短视频挑战等，都能够吸引大量的用户参与和关注。通过参与这些活动，用户不仅能够深入了解地域文化的内涵和价值，还能够与其他关注地域文化的用户进行交流和互动，形成共同的文化认同和归属感。

社交媒介平台通过用户生成内容和分享机制，为地域文化传播提供了强大的动力和支持。它们不仅为地域文化传播提供了多样化的内容形式和便捷的传播渠道，还通过线上活动等形式吸引了更多用户的参与和关注，使地域文化能够在更广泛的范围内得到传播和认同。

二、视频分享网站的地域文化传播

视频分享网站在地域文化传播中起到举足轻重的作用，它们为地域文化的视觉呈现提供了绝佳的平台，使得观众能够直观、生动地感受地域文化的魅力和特色。

视频分享网站（如哔哩哔哩、优酷等）汇聚了大量关于地域文化的优质视频内容。其中，专业纪录片通过精美的画面和深入的解说，展现了地域文化的历史渊源、自然景观和人文特色；教学视频向观众传授了地域文化的传统技艺、民间习俗等知识，让观众在学习的同时，感受到地域文化的独特魅力；综艺节目以轻松愉快的方式，展示了地域文化的多样性和趣味性。这些视频内容丰富多样，满足了不同观众的需求，使地域文化得以更广泛的传播。

视频分享网站还鼓励用户自制与地域文化相关的短视频和直播内容。这些内容通常更加贴近日常生活，能够真实反映地域文化的细节和特色。用户通过拍摄和分享自己的生活经历、文化体验等，使地域文化得以更加生动、直观地呈现在观众面前。同时，这些用户生成的内容也丰富了地域文化的传播形式，使得地域文化更加鲜活、有趣。

视频分享网站还提供了弹幕评论、互动投票等社交功能，增强了观众与地域文化内容之间的互动。观众可以在观看视频的同时，发表自己的见解和感受，与其他观众进行交流和讨论；通过互动投票功能，观众还可以参与到地域文化相关的话题和活动中，表达自己的喜好和态度。这种互动性的传播方式不仅提升了观众的参与感和体验感，也使得地域文化传播更加深入和有效。

视频分享网站通过提供丰富多样的地域文化视频内容、鼓励用户自制内容以及提供互动性社交功能等方式，为地域文化的视觉呈现和传播提供了良好的平台。这些平台不仅让观众能够直观、生动地感受地域文化的魅力和特色，还促进了观众与地域文化内容之间的互动和交流，进一步地推动了地域文化的传播和发展。

三、移动应用的地域文化传播

随着智能手机的普及和移动互联网的迅猛发展，移动应用已经成为地域文化传播的新阵地，为用户提供了更加便捷、高效的地域文化体验。

各类与地域文化相关的移动应用如雨后春笋般涌现，涵盖了旅游攻略、方言学习、民俗文化展示等多个方面。这些应用通过精心策划和设计，将地域文化的丰富内涵以图文、音频和视频等多种形式呈现给用户，使用户能够随时随地沉浸在地域文化的魅力中。无论是通过旅游攻略 APP 了解当地的自然风光和人文景观，还是通过方言学习 APP 掌握当地的语言和文化习俗，用户都能够通过移动应用深入了解地域文化的独特之处。

移动应用还可以利用定位服务，根据用户的地理位置推送当地的地域文化信息和活动。这种个性化的推送方式不仅提高了地域文化传播的精准度，还能够吸引用户的兴趣和关注。当用户身处某个地域时，移动应用可以推送该地区的特色文化、历史故事、民俗活动等信息，引导用户深入探索和体验当地的文化风情。这种实时、精准的传播方式，使得地域文化能够更好地融入用户的日常生活中，提高传播的有效性和影响力。

移动应用还通过互动功能增强了用户与地域文化内容之间的互动。用户可以在应用内发表评论、分享心得、参与话题讨论等，与其他用户进行交流和互动。这种互动不仅有助于增强用户对地域文化的认同感和归属感，还能够促进地域文化的传承和发展。同时，移动应用还可以结合社交媒介平台，将地域文化的传播范围进一步扩大，吸引更多用户的关注和参与。

移动应用作为地域文化传播的新阵地，通过丰富的图文、音频和视频内容以及定位服务等功能，为用户提供了沉浸式的地域文化体验。同时，移动应用还通过互动功能增强了用户与地域文化内容之间的互动，提高了传播的精准度和有效性。随着移动互联网技术的不断发展，移动应用在地域文化传播中的作用将越来越重要。

四、新媒介地域文化传播的挑战与应对策略

尽管新媒介为地域文化传播带来了前所未有的机遇，但同时面临着诸多挑战。为了有效应对这些挑战，我们需要采取一系列有针对性的策略，以提升新媒介地域文化传播的效果和影响力。

内容质量参差不齐是新媒介地域文化传播面临的一大挑战。由于新媒介平台信息发布的门槛相对较低，大量内容涌入，其中不乏低质量甚至误导性的信息。这要求我们在地域文化传播过程中，加强内容审核和管理，确保所传播的内容真实、准确、有价值。我们可以通过建立专业的审核团队，制定严格的内容标准，对发布的内容进行筛选和把关，从而确保地域文化的准确传播。

信息传播碎片化也是新媒介地域文化传播需要面对的问题。在新媒介时代，信息呈现出碎片化、快速更新的特点，这导致受众很难形成对地域文化的全面、深入了解。为了应对这一挑战，我们需要整合线上线下资源，打造全方位、立体化的地域文化传播体系。可以通过线上线下联动的方式，组织丰富多样的文化活动、展览和讲座等，引导受众深入了解和体验地域文化。同时，我们还可以利用新媒介平台的互动性特点，鼓励受众参与讨论、分享心得，形成对地域文化的深入理解和认同。

我们还需要注重受众反馈和需求，及时调整传播策略和内容形式。新媒介平台具有实时互动的特点，我们可以通过收集和分析受众的反馈数据，了解他们的需求和兴趣点，从而调整传播策略和内容形式，使之更加贴近受众的实际需求。例如，可以根据受众的年龄、地域、文化背景等特点，定制个性化的传播内容，提高传播的针对性和有效性。

加强与其他媒介和机构的合作也是提升新媒介地域文化传播效果的重要途径。通过与其他媒介和机构的合作，我们可以共享资源、互通有无，形成传播合力，共同推动地域文化的传播和发展。例如，可以与传统媒介进行合作，共同策划和推出地域文化专题报道；还可以与文化机构、旅游部门等进行合作，共同开展地域文化的推广活动，扩大地域文化的影响力。

面对新媒介地域文化传播的挑战，我们需要加强内容审核和管理、整合线上线下资源、注重受众反馈和需求以及加强与其他媒介和机构的合作。通过这

些策略的实施，我们可以有效提升新媒介地域文化传播的效果和影响力，推动地域文化的传承和发展。

第三节　跨媒介的地域文化传播实践

在媒介融合的大背景下，跨媒介的地域文化传播实践成为一种新的趋势。这种实践模式不仅打破了传统媒介与新媒介之间的界限，还通过整合不同媒介的优势资源，实现了地域文化的多元、高效传播。

一、跨媒介传播策略

在地域文化传播过程中，跨媒介传播策略的运用显得尤为重要。这一策略不仅涉及内容的整合、平台的联动，还涵盖了受众的互动和参与，共同构成了地域文化传播的完整链条。

内容的整合是跨媒介传播策略的核心。地域文化内容丰富多样，涵盖了历史、民俗、艺术等多个方面。通过整合不同媒介平台的内容资源，我们可以将各种形式的信息进行有效融合，形成互补优势。例如，可以将文字、图片、视频等多种内容形式结合，通过不同的媒介平台进行展示，使受众能够更全面地了解地域文化的内涵和特点。

平台的联动也是跨媒介传播策略的重要组成部分。不同的媒介平台具有不同的传播特点和受众群体。通过加强平台间的合作与联动，我们可以实现地域文化的多渠道传播。例如，可以在广播电视等传统媒介上播放相关节目，同时在社交媒介、短视频平台等新媒介上进行推广，形成传播合力。此外，还可以利用大数据技术，对受众进行精准画像，根据他们的兴趣和需求进行有针对性的内容推送，提高传播的精准度和有效性。

受众的互动和参与也是跨媒介传播策略不可或缺的一环。通过加强与受众的互动，我们可以激发他们的参与热情，进一步地提升地域文化传播的效果。例如，可以设置话题讨论、线上投票等互动环节，引导受众发表自己的观点和看法；还可以举办线下活动，邀请受众亲身参与体验地域文化的魅力。这些互动形式不仅能够增强受众对地域文化的认同感和归属感，还能够为传播者提供宝贵的反馈和建议，帮助我们不断优化传播策略和内容形式。

跨媒介传播策略在地域文化传播中发挥着至关重要的作用。通过内容的整合、平台的联动以及受众的互动和参与，我们可以实现地域文化的全方位、多角度展示，提高传播的精准度和有效性，推动地域文化的传承与发展。

二、典型案例分析

以某地区的地域文化传播为例，我们可以深入剖析跨媒介传播策略的实际应用效果。该地区充分整合了广播电视、报纸以及新媒介等资源，精心策划了一场以地域文化为主题的大型跨媒介传播活动，取得了显著成效。

电视节目在该活动中发挥了重要作用。通过制作并播放高质量的纪录片，电视节目成功将地区丰富的历史文化遗产、自然景观和民俗风情展现给广大观众。纪录片通过生动的画面和深入的解说，让受众能够直观地感受到地域文化的魅力和价值，从而激发了他们对地域文化的兴趣和认同感。

广播机构也积极参与了此次跨媒介传播活动。通过开设专题节目，广播以声音的形式传递了地域文化的独特魅力。这些节目不仅涵盖了地域文化的历史渊源、传说故事等内容，还邀请了当地的文化专家和民间艺人进行分享和交流，使受众能够更深入地了解地域文化的内涵和特色。同时，报纸作为传统媒介的代表，也在此次活动中发挥了重要作用。通过深度报道和专题策划，报纸对地域文化的各个方面进行了全面、深入的剖析和解读。这些报道不仅展示了地域文化的丰富内涵，还通过挖掘背后的故事和人物，增强了受众对地域文化的认知和情感共鸣。

新媒介在此次跨媒介传播活动中扮演了重要角色。通过社交媒介、短视频平台等渠道，新媒介将地域文化的传播范围进一步扩大，吸引了更多年轻受众的关注和参与。通过互动推广、话题讨论等形式，新媒介还增强了受众与地域文化内容之间的互动和交流，使传播效果更加显著。

该地区的跨媒介传播活动通过整合不同媒介平台的资源，形成了强大的传播合力，成功地提升了地域文化的知名度和影响力。这一案例充分展示了跨媒介传播策略在地域文化传播中的实际应用效果，也为其他地区的文化传播提供了有益的借鉴和启示。

三、挑战与前景

尽管跨媒介传播策略在地域文化传播中展现出显著的优势，但同样不可避免地面临着一些挑战。这些挑战主要来自不同媒介平台之间的协调问题以及内容质量的保障问题。

不同媒介平台之间的协调问题是跨媒介传播策略实施过程中的一大难题。由于各个媒介平台具有不同的特点、受众群体和传播方式，因此在整合过程中需要充分考虑各平台之间的互补性和协同性。这要求我们在策划和执行跨媒介传播活动时，加强媒介之间的沟通与合作，建立有效的协调机制，确保各个平台能够相互支持、相互补充，形成传播合力。

内容质量的保障问题也是跨媒介传播策略需要关注的重要方面。在地域文化传播中，内容的质量直接关系到传播的效果和受众的接受度。因此，我们需要注重提升内容的质量和创新性，确保所传播的内容真实、准确、有价值，并且具有吸引力和感染力。这要求我们在制作和传播内容时，注重挖掘地域文化的独特性和深度，同时结合受众的需求和兴趣点，进行有针对性的内容策划和呈现。然而，尽管面临挑战，跨媒介传播在地域文化传播中的前景依然广阔。随着媒介技术的不断发展和创新，新的传播渠道和平台不断涌现，为跨媒介传播提供了更多的可能性和机遇。未来，我们可以利用大数据、人工智能等先进技术，对受众进行更精准的分析和定位，实现地域文化的精准传播；同时，我们还可以通过 VR 和 AR 等技术手段，为受众提供更加沉浸式的地域文化体验。

跨媒介传播在地域文化传播中既具有显著优势，也面临着一些挑战。为了克服这些挑战并充分发挥其优势，我们需要加强媒介之间的沟通与合作，提升内容的质量和创新性，并关注媒介技术的发展和创新。展望未来，跨媒介传播将在地域文化传播中发挥更加重要的作用，推动地域文化走向更广阔的舞台。

第六章　媒介融合与地域文化传播的未来发展

随着媒介融合的不断深化，地域文化传播也迎来了前所未有的发展机遇。未来，媒介融合与地域文化传播将呈现出更加紧密、多元和创新的发展趋势。

第一节　媒介融合的发展趋势与挑战

媒介融合作为新媒介时代发展的必然趋势，正逐渐改变着传媒业的格局。不同媒介形态之间的界限逐渐模糊，这不仅带来了新的机遇，也带来了诸多挑战。

一、媒介融合的发展趋势

随着技术的不断进步，媒介之间的融合正迈向一个全新的阶段，其深度和广度都将达到前所未有的水平。

1.深度融合

未来的媒介融合将不再是简单的内容共享，而是涉及技术、平台、用户等多个层面的深度融合，从而构建出一种更加智能化、个性化的传播生态。

（1）在技术层面，人工智能、大数据等前沿技术的应用中将起到关键作用。人工智能技术的发展使得机器能够更好地理解和分析用户的行为和喜好，从而为用户推送更加精准、个性化的内容。大数据的挖掘和分析能够揭示出用户的潜在需求和兴趣点，为内容创作和传播提供有力的数据支持。

（2）在平台层面，各类媒介平台将进一步打通，形成互联互通的传播网络。传统媒介与新媒介的界限将逐渐模糊，取而代之的是各种形态和功能的媒体平台之间的无缝对接，这将使得内容能够在不同平台之间自由流动，实现资源的优化配置和共享。

（3）在用户层面，媒介融合将带来更加丰富的互动和体验。用户将不再是被动的信息接受者，而是成为内容创作和传播的重要参与者。通过社交媒介、互动直播等形式，用户可以实时表达自己的观点和感受，与其他用户进行交流和互动，从而增强对内容的参与感和认同感。

这种深度融合的媒介形态将使地域文化传播更加高效和精准。通过智能分析和精准推送，地域文化的特色和价值将更加凸显，吸引更多用户的关注和喜爱。同时，用户之间的互动和参与也将推动地域文化的传承和创新，形成更加活跃和多元的文化生态。

随着技术的不断进步，媒介之间的融合将更加深入和全面。未来的媒介融合将涉及技术、平台、用户等多个层面的深度融合，为地域文化的传播和创新提供有力的支持和推动。

2. 跨界合作

媒介融合不仅将重塑传播生态，更将推动不同产业之间的跨界合作，实现多领域的深度融合。传媒、科技、教育、娱乐等多个领域将共同携手，共同推动地域文化的传播和发展。

传媒与科技的结合将形成强大的传播合力。借助先进的技术手段，传媒机构可以打破传统的传播界限，通过多元化的媒介平台，将地域文化的魅力展现给更广泛的受众。同时，科技的应用也将提升传播效果，例如通过大数据分析，精准定位受众需求，实现地域文化的个性化传播。

教育与传媒的融合将为地域文化的传承提供新的路径。通过教育机构的参与，地域文化的教育资源和课程得以丰富，让更多的人了解和认识地域文化。同时，传媒的介入可以将这些教育资源以更加生动、有趣的方式呈现给受众，提高受众对地域文化的兴趣和认同感。

娱乐产业与传媒的跨界合作也将为地域文化传播注入新的活力。通过影视、音乐、综艺等娱乐形式的展现，地域文化将更加深入人心。娱乐产业的参与不仅能够吸引更多年轻受众的关注和喜爱，还能够通过创意和创新，为地域文化的传播和发展注入新的动力。

这种跨界合作的方式将促进不同产业之间的资源共享和优势互补，形成更加完整的文化传播链条。通过跨界合作，地域文化传播将不再局限于单一的领域或渠道，而是能够在多个领域和渠道之间实现互动和融合，形成更加广泛和深入的影响力。

媒介融合将促进不同产业之间的跨界合作，共同推动地域文化的传播和发展。这种跨界合作的方式将打破传统的传播界限，实现多领域的深度融合，为地域文化的传承和创新提供新的机遇和可能。

3. 全球化传播

在媒介融合推动下，地域文化传播将不再受地域限制，而是能够跨越国界，实现全球化传播。这种趋势不仅有助于提升地域文化的知名度和影响力，还将促进不同文化之间的交流与融合，为全球化背景下的文化多样性注入新的活力。

媒介融合为地域文化的全球化传播提供了技术支撑和平台保障。通过先进的技术手段，如互联网、社交媒介等，地域文化可以迅速传播到世界各地，让更多的人了解和认识。同时，各种媒介平台的互联互通也为地域文化的展示和推广提供了更多渠道和可能性。

全球化传播有助于提升地域文化的知名度和影响力。通过在全球范围内的传播和推广，地域文化能够吸引更多人的关注和喜爱，进而推动其发展和传承。同时，地域文化的全球化传播也能够增强其在国际舞台上的竞争力，为当地的文化产业和旅游业等带来经济效益。更重要的是，全球化传播促进了不同文化之间的交流与融合。在全球化背景下，各种文化相互碰撞、交流，形成了多元共生的文化格局。地域文化的全球化传播能够使其与其他文化进行互动和对话，吸收借鉴其他文化的优秀元素，丰富自身的内涵和形式。同时，这种交流与融合也能够增进不同文化之间的理解和尊重，推动构建人类命运共同体。然而，需要注意的是，全球化传播也带来了一些挑战和问题。例如，如何在全球化传播中保持地域文化的独特性和真实性，避免文化同质化；如何有效应对不同文化之间的差异和冲突，促进和谐共处；等等。这些都是需要我们思考和解决的问题。

媒介融合推动下的地域文化全球化传播是一种必然趋势，它有助于提升地域文化的知名度和影响力，促进不同文化之间的交流与融合。同时，我们也需要积极应对全球化传播带来的挑战和问题，为地域文化的传承和发展创造更加有利的条件。

二、媒介融合面临的挑战

1. 技术挑战

媒介融合在推动地域文化传播过程中，确实高度依赖于先进的技术支持。然而，技术的更新换代速度日新月异，这给媒介融合带来了不小的挑战。如何跟上技术的发展步伐，充分利用新技术为地域文化传播服务，成为媒介融合面临的一大难题。

新技术的不断涌现要求媒介融合必须保持敏锐的洞察力和快速的反应能力。从云计算、大数据到人工智能、虚拟现实，每项新技术的出现都可能为地域文化传播带来革命性的变化。媒介融合需要时刻关注技术发展的动态，了解新技术在文化传播中的潜在应用，并及时调整传播策略，以适应技术的发展趋势。

技术的快速更新也带来了技术兼容性和整合性的挑战。在媒介融合过程中，各种技术平台和系统需要实现无缝对接和高效协作，以确保信息的流畅传播和资源的优化配置。然而，技术标准和接口的不统一，以及系统之间的兼容性问题，往往会导致信息传播的障碍和资源浪费。因此，媒介融合需要在技术整合方面下足功夫，加强技术标准的统一和接口的规范化，以实现技术平台的互联互通。

新技术的应用也要求媒介融合具备强大的技术研发和创新能力。新技术往往伴随着复杂的技术难题和未知的风险，需要媒介融合具备专业的技术团队和研发能力，以应对技术挑战并推动技术创新。同时，媒介融合还需要积极与科研机构、高校等合作，共同开展技术研发和人才培养，为地域文化传播提供坚实的技术支撑。

尽管面临诸多挑战，但媒介融合也有独特的优势和机遇。通过充分利用新技术，媒介融合可以打破传统的传播界限，实现地域文化的全球化传播；通过技术的创新和整合，媒介融合可以提升传播效果，增强受众的互动和体验；通过跨界合作和资源整合，媒介融合可以推动地域文化的产业化和可持续发展。

技术挑战是媒介融合面临的一大难题，但同时是推动其不断创新和发展的动力。媒介融合需要紧跟技术发展的步伐，充分利用新技术为地域文化传播服务，以实现更加高效、精准和个性化的传播效果。

2. 内容质量挑战

在媒介融合的大背景下，地域文化传播面临着内容质量上的巨大挑战。随着信息传播渠道的日益多样化和内容的海量化，如何保证传播的地域文化内容真实、准确、有价值，避免低俗、虚假内容泛滥，成为媒介融合需要解决的重要问题。

内容的真实性和准确性是地域文化传播的生命线。在媒介融合过程中，由于信息来源的多样性和复杂性，很容易出现信息失真、误传的情况。因此，媒介融合需要建立严格的信息核实机制，对所传播的地域文化内容进行严谨的考证和核实，确保信息的真实性和准确性。同时，需要加强对信息来源的筛选和过滤，避免传播不实信息和谣言。

内容的价值性是地域文化传播的核心。地域文化内容丰富多样，但并非所有内容都适合传播。媒介融合需要对所传播的内容进行筛选和提炼，选择那些具有代表性、独特性和吸引力的地域文化元素进行传播。同时，需要注重内容的深度和广度，通过深入挖掘和整合地域文化资源，呈现出更加完整、丰富的地域文化形象。

当前媒介融合过程中，低俗、虚假内容泛滥成为一个不容忽视的问题。这些内容不仅损害了地域文化的形象和声誉，也严重影响了受众的体验和信任度。因此，媒介融合需要加强对内容质量的监管和管理，建立完善的内容审核机制，对低俗、虚假内容进行严格把关和处罚。同时，需要提高受众的媒介素养和辨别能力，引导他们正确看待和选择传播内容。

媒介融合还需要注重与受众的互动和反馈。通过收集受众的反馈和意见，不断优化传播策略和内容形式，提升地域文化传播的效果和影响力。同时，可以通过与受众的互动和交流，深入了解他们的需求和喜好，为地域文化传播提供更加精准和个性化的服务。

内容质量挑战是媒介融合过程中需要解决的重要问题。通过建立严格的信息核实机制、选择有价值的内容进行传播、加强内容质量的监管和管理以及与受众互动和反馈等方式，媒介融合可以确保传播的地域文化内容真实、准确、有价值，为地域文化的传承和发展作出积极贡献。

3. 版权保护挑战

媒介融合无疑为地域文化传播提供了前所未有的便利，使得内容能够迅速、广泛地覆盖到各类受众。然而，与此同时，它也带来了版权保护方面的巨大挑战。如何在尊重原创、保护版权的前提下，实现地域文化的有效传播，成为媒介融合必须面对的重要课题。

媒介融合加剧了版权侵权的风险。在数字化、网络化的传播环境中，内容的复制、传播变得异常容易，这给了不法分子可乘之机。他们可能未经授权就擅自使用、传播他人的地域文化内容，侵犯原创者的版权利益。这不仅损害了原创者的创作积极性，也破坏了文化市场的公平竞争环境。

地域文化的特殊性质使得版权保护更为复杂。地域文化往往涉及传统艺术、民间习俗、历史遗迹等多个方面，这些内容的版权归属往往难以界定。同时，地域文化的传播往往需要借助各种媒介和平台，而这些媒介和平台之间的版权关系也可能错综复杂。因此，在保护地域文化版权时，需要综合考虑多个因素，平衡各方利益。

面对这些挑战，媒介融合需要在传播地域文化的同时，加强版权保护意识，采取切实有效的措施来应对。首先，建立完善的版权保护制度是关键。通过制定明确的法律法规和政策措施，规范传播行为，明确版权归属和使用权限，为原创者提供有力的法律保障。其次，加强技术手段的应用也是必不可少的。利用数字水印、加密技术等手段，对地域文化内容进行标识和保护，防止未经授权的复制和传播。同时，通过建立版权监测和维权机制，及时发现和打击侵权行为，维护市场秩序。此外，媒介融合还需要加强行业自律和公众教育。通过加强行业内部的沟通与合作，建立自律机制，规范行业行为。同时，通过宣传教育、提高公众版权意识等方式，增强全社会对版权保护的重视和支持。

媒介融合在推动地域文化传播的同时，也面临着版权保护方面的挑战。只有在尊重原创、保护版权的前提下，才能实现地域文化的有效传播和可持续发展。因此，媒介融合需要积极应对这些挑战，采取有效的措施来加强版权保护，为地域文化的传承和发展创造良好的环境。

4. 用户隐私保护挑战

在媒介融合过程中，用户数据的收集和使用成为传播地域文化的重要手段，但同时带来了用户隐私保护的挑战。如何在媒介融合过程中确保用户隐私不被泄露和滥用，是我们必须正视并妥善解决的重要问题。

首先，我们需要明确用户数据的收集和使用必须遵守相关法律法规。这包括但不限于《中华人民共和国个人信息保护法》《中华人民共和国数据安全法》等，这些法律为用户隐私保护提供了坚实的法律保障。在媒介融合过程中，无论是传播平台还是内容生产者，都必须严格遵守这些法律，确保用户数据的合法收集和使用。其次，用户数据的收集和使用应当遵循最小化和透明化的原则。这意味着我们只收集实现特定目的所需的最少数据，并在收集和使用过程中保持透明，让用户清楚了解他们的数据是如何被使用的。此外，我们还需要建立严格的数据安全管理制度，采用先进的技术手段，确保用户数据的安全存储和传输，防止数据泄露和被非法获取。然而，仅仅依靠法律和技术手段是远远不够的。我们还需要加强用户隐私保护的意识和教育。通过宣传和教育，提高用户对自身隐私权的认识和保护意识，让他们能够主动维护自己的隐私权益。同时，我们也需要引导用户在使用媒介融合服务时，注意保护自己的个人信息，避免泄露给不法分子。此外，媒介融合平台和内容生产者还应当建立完善的用户隐私保护机制。这包括建立用户数据收集和使用的审批流程，确保数据使用的合法性和合理性；建立用户投诉和维权渠道，及时处理用户关于隐私保护的投诉和纠纷；加强与相关监管部门的沟通与合作，共同推动用户隐私保护工作的深入开展。

在媒介融合过程中，用户隐私保护是一项至关重要的任务。我们需要从法律、技术、意识和机制等多个方面入手，确保用户隐私不被泄露和滥用，为地域文化传播创造一种安全、可信的环境。

第二节　地域文化传播的创新路径与发展前景

地域文化传播作为传承和弘扬地域文化的重要手段，在媒介融合的时代背景下，正面临着前所未有的发展机遇。

一、地域文化传播的创新路径

地域文化传播的创新路径是多样的，它涉及内容、形式、技术等多个层面的革新。

1.整合媒介资源，提升传播效率

在媒介融合的大背景下，地域文化传播应当充分利用这一趋势带来的优势，整合各类媒介资源，包括传统媒介和新媒介，以形成多渠道、多形态的传

播格局。这种整合不仅可以提升地域文化的传播效率和影响力，还能够为受众提供更加丰富、立体的文化体验。

整合媒介资源意味着打破传统媒介与新媒介之间的界限，实现跨平台的传播。传统媒介（如报纸、广播电视等）拥有稳定的受众群体和丰富的传播经验，新媒介（如互联网、社交媒介等）具有传播速度快、互动性强等特点。通过整合这些媒介资源，地域文化可以实现跨平台的传播，覆盖更广泛的受众群体。

跨形态的内容整合和推送也是提升地域文化传播效率的关键。不同媒介形态具有不同的特点和优势。在地域文化传播过程中，可以根据不同媒介形态的特点，将内容进行有针对性的整合和推送。例如，通过短视频平台传播地域文化的视觉元素，通过音频平台传播地域文化的音乐特色，通过社交媒介平台与受众进行互动和交流。这种跨形态的传播方式可以充分发挥各种媒介的优势，提升传播效果。

媒介融合还为地域文化传播提供了更多的互动和反馈机制。通过社交媒体、在线论坛等渠道，受众可以实时表达对地域文化的看法和感受，与传播者进行互动。这种互动不仅有助于增强受众的参与感和归属感，还能够为传播者提供宝贵的反馈意见，进一步地优化传播策略和内容。

通过整合媒介资源形成多渠道、多形态的传播格局，地域文化可以在媒介融合的背景下实现更高效的传播和更广泛的影响。这不仅有助于提升地域文化的知名度和影响力，还能够促进文化交流和融合，推动地域文化的传承和发展。然而，整合媒介资源并非易事，需要传播者具备跨媒介传播的意识和能力，同时需要克服技术、人才等方面的挑战。因此，地域文化传播者需要不断探索和创新，充分利用媒介融合的优势，为地域文化传播注入新的活力和动力。

2. 强化内容创新，打造特色品牌

地域文化传播的精髓在于其内容，它不仅是传递信息的载体，更是展现地域特色、弘扬文化精神的重要途径。因此，强化内容创新，打造特色品牌，成为地域文化传播的核心战略。

地域文化传播必须深入挖掘地域文化的独特内涵和价值。每个地方都有独特的历史、风俗、艺术和传统，这些都是地域文化的宝贵财富。通过深入研究和梳理，我们可以发现地域文化中的独特元素和故事，将其提炼并融入传播内容中，使之更具吸引力和感染力。

注重内容的创新性和时代性至关重要。传统文化固然珍贵，但也需要与时俱进，与现代社会保持紧密的联系。我们可以结合现代审美和流行文化，对地域文化进行创新和再造，使之更加符合现代受众的口味和需求。同时，可以运用新技术和新媒介手段，为地域文化传播注入新的活力和形式。

在打造特色品牌方面，地域文化传播应突出地方特色和文化底蕴。通过精心策划和包装，将地域文化的独特元素和故事转化为具有辨识度和吸引力的文化品牌。这些品牌可以是文化活动、文化产品、文化符号等，它们不仅代表了地方文化的形象，也成为传播地域文化的重要载体。此外，注重内容的精准定位和目标受众的细分也是提升传播效果的关键。不同的受众有不同的需求和兴趣，因此我们需要对受众进行细分，了解他们的特点和喜好，然后根据这些特点来制定有针对性的传播策略和内容。这样，不仅可以提高传播的针对性和有效性，还可以增强受众的参与感和认同感。

强化内容创新，打造特色品牌是地域文化传播的核心战略。通过深入挖掘地域文化的内涵和价值，注重内容的创新性和时代性，以及精准定位目标受众，我们可以打造出具有地方特色的文化品牌，提升地域文化的传播效果和影响力。

3. 加强科技应用，拓展传播渠道

随着科技的迅猛发展，特别是人工智能、大数据、虚拟现实等前沿技术的广泛应用，地域文化传播迎来了前所未有的机遇与挑战。这些先进的技术不仅为传播手段和形式的创新提供了可能，更为拓展传播渠道、丰富受众文化体验创造了有利条件。

人工智能技术的应用为地域文化传播带来了智能化、个性化的新体验。通过自然语言处理、机器学习等技术，人工智能可以实现对地域文化内容的智能分析、推荐和互动。例如，智能推荐系统可以根据用户的兴趣和历史行为，为其推送相关的地域文化内容；智能语音交互系统可以实现与用户的实时对话，解答关于地域文化的问题，提供个性化的传播服务。

大数据技术的应用为地域文化传播提供了精准化的数据支持和决策依据。通过对地域文化传播数据的收集、分析和挖掘，我们可以深入了解受众的需求、喜好和行为习惯，从而制定更加精准的传播策略和内容。同时，大数据还可以帮助我们监测传播效果，及时调整传播策略，提升传播效率。此外，VR

技术的应用为地域文化传播提供了沉浸式的体验方式。通过 VR 技术，我们可以将受众带入地域文化的真实场景中，让他们身临其境地感受地域文化的魅力。这种沉浸式的体验方式不仅可以增强受众对地域文化的认知和了解，还可以激发他们对地域文化的兴趣和热爱。

除了上述具体技术的应用外，地域文化传播还应积极探索新的传播渠道和形式。例如，可以利用社交媒介、短视频平台等新媒介渠道，将地域文化内容以更加生动、有趣的形式呈现给受众；可以与旅游、教育等行业进行合作，将地域文化传播与旅游体验、教育培训相结合，拓展传播渠道和受众群体。

加强科技应用、拓展传播渠道是地域文化传播适应新时代发展的重要举措。通过积极引入先进技术、创新传播手段和形式、拓展传播渠道，我们可以为受众提供更加丰富多样的文化体验，推动地域文化的传承和发展。同时，这也需要我们不断探索和实践，不断克服技术、人才等方面的挑战，为地域文化传播注入新的活力和动力。

4. 推动跨界合作，实现共赢发展

推动跨界合作，实现共赢发展，是地域文化传播的重要战略。通过打破行业界限，积极寻求与其他领域的跨界合作，地域文化不仅可以得到更广泛的传播，还能实现与其他产业的互利共赢。

与旅游业的跨界合作是地域文化传播的重要途径。地域文化具有独特的魅力和吸引力，是旅游业的宝贵资源。通过与旅游业的深度融合，地域文化可以通过旅游线路、旅游活动等形式得到展示和推广。同时，旅游业的发展也能为地域文化传播提供更广阔的平台和更多的受众。这种跨界合作不仅可以提升地域文化的知名度和影响力，还能促进旅游业的发展，实现文化和经济的双重效益。

与教育领域的跨界合作也是地域文化传播的重要方向。教育是文化传承和发展的重要途径，通过与教育领域的合作，地域文化可以融入学校课程和教材中，成为学生学习的重要内容。这种合作不仅可以让学生更加深入地了解和感受地域文化的魅力，还能培养他们的文化素养和审美能力。同时，教育机构也可以利用地域文化的资源，丰富教学内容和形式，提升教学质量和效果。

与艺术领域的跨界合作也是地域文化传播的创新方式。艺术是文化的重要表现形式，通过与艺术领域的合作，地域文化可以通过艺术作品、艺术展览等形式得到展示和传播。这种合作不仅可以提升地域文化的艺术价值和审美水

平，还能为艺术家提供创作灵感和素材，推动艺术创作的繁荣和发展。

在跨界合作过程中，还需要注重合作机制的建立和完善。通过建立有效的沟通机制、合作机制和利益共享机制，确保各方能够充分发挥各自的优势，实现资源共享和互利共赢。同时，需要加强合作项目的策划和实施，确保合作项目能够真正落地生根，取得实效。

推动跨界合作是地域文化传播实现共赢发展的重要途径。通过与旅游、教育、艺术等领域的深度融合，地域文化可以得到更广泛的传播和推广，同时能为其他产业带来新的发展机遇和动力。因此，地域文化传播者应积极寻求跨界合作的机会和方式，为地域文化的传承和发展注入新的活力和动力。

二、地域文化传播的发展前景

1. 多样化传播趋势明显

随着媒介融合的深入发展，地域文化传播正呈现出越来越明显的多样化趋势。这种多样化不仅体现在传播渠道的多元性、内容形式的丰富性，还体现在受众群体的细分化，为地域文化传播带来了更加广阔的发展空间和无限的可能性。

传播渠道的多样化是地域文化传播的显著特点。传统的报纸、广播电视等媒介仍然发挥着重要作用，但新媒介、社交平台的崛起也为地域文化传播提供了更多选择。通过微信、微博、短视频平台等社交媒介，地域文化可以迅速传播到各个角落，覆盖更广泛的受众群体。同时，线下文化活动、展览、演出等也是地域文化传播的重要渠道，为受众提供了亲身体验和感受的机会。

内容形式的多样化也是地域文化传播的重要趋势。地域文化内容丰富多样，包括历史、民俗、艺术、自然景观等多个方面。在传播过程中，可以根据不同媒介的特点和受众需求，选择适合的内容形式进行传播。例如，通过短视频展示地域文化的独特风景和特色民俗，通过音频讲述地域文化的历史故事和传说，通过图文结合的方式呈现地域文化的丰富内涵。这种多样化的内容形式不仅增强了地域文化的吸引力和感染力，还提高了传播的针对性和有效性。

受众群体的多样化也为地域文化传播带来了更多可能性。不同受众有不同的需求和兴趣，地域文化传播需要针对不同受众群体进行细分和定位。例如，针对年轻人群体，可以运用时尚、潮流的元素进行包装和推广，吸引他们的关注和参与；针对老年人群体，可以注重传统文化的传承和弘扬，满足他们的怀

旧和情感需求。通过精准定位和目标受众的细分，地域文化传播可以更加精准
地触达目标受众，提高传播效果。

多样化传播趋势在地域文化传播中日益明显。这种多样化不仅体现在传播
渠道的多元性、内容形式的丰富性，还体现在受众群体的细分化。这些趋势为
地域文化传播带来了更加广阔的发展空间和无限的可能性，也要求我们不断创
新和探索，以适应这一趋势的发展。通过深入挖掘地域文化的内涵和价值，运
用多样化的传播手段和形式，我们可以更好地推动地域文化的传播和发展，让
更多的人了解和欣赏地域文化的魅力。

　2. 国际化传播步伐加快

在全球化的大背景下，地域文化传播的国际化步伐正逐渐加快，这是一种
不可逆转的趋势。通过与其他国家或地区的文化交流与合作，地域文化不仅有
机会走向世界舞台，更能充分展示其独特的魅力和价值，进一步地促进全球文
化的多样性和繁荣。

国际化传播为地域文化提供了更广阔的舞台。地域文化不再是局限于某一
地区的独特现象，而是可以通过各种渠道和形式，跨越国界，与全球各地的受
众进行互动和交流。这种跨文化的交流不仅有助于增强地域文化的国际影响
力，还能推动不同文化之间的相互理解和尊重。

国际化传播有助于挖掘和展示地域文化的独特价值。在与其他文化交流过
程中，地域文化可以更加清晰地打磨自身的特点和优势，进而通过创新和提
炼，形成更具代表性和吸引力的文化品牌。这些文化品牌不仅可以成为地域文
化的亮丽名片，还能为地方经济发展和文化产业繁荣注入新的动力。

国际化传播还促进了地域文化与其他文化的深度融合。通过参与国际文化
展览、艺术节等活动，地域文化可以与其他文化进行直接对话和交流，吸收借
鉴其他文化的优秀元素，丰富自身内涵。这种深度融合不仅有助于提升地域文
化的创新能力和竞争力，还能为全球文化的多样性贡献更多元化的元素。

地域文化在国际化传播过程中也面临着一些挑战，如文化差异、语言障
碍、传播渠道限制等。因此，地域文化传播者需要积极探索有效的传播策略和
手段，如加强跨文化交流、推动文化创新、拓展传播渠道等，以克服这些挑
战，更好地推动地域文化的国际化传播。

地域文化传播的国际化步伐加快是全球化背景下的必然趋势。通过与其他

国家或地区的文化交流与合作，地域文化可以走向世界舞台，展示其独特的魅力和价值，为全球文化的多样性和繁荣作出积极贡献。

3. 产业化发展潜力巨大

地域文化传播与相关产业的深度融合，正孕育着巨大的产业化发展潜力。这种融合不仅有助于提升文化传播的效益和质量，更能催生出新的文化产业形态和商业模式，为地方经济发展注入新的活力。

地域文化的产业化发展有助于提升文化传播的效益。通过深入挖掘地域文化的独特内涵和价值，结合市场需求和受众喜好，可以开发出具有地方特色的文化产品和服务。这些文化产品和服务以地域文化为核心，通过创新的形式和方式，吸引更多人的关注和参与，从而实现文化传播的广度和深度的提升。

地域文化的产业化发展能够提升文化传播的质量。在产业化发展过程中，地域文化需要进行提炼和加工，以更符合现代审美和市场需求。这种加工过程实际上是对地域文化的再创造和再提升，有助于让更多的人了解和欣赏地域文化的独特魅力。同时，产业化发展还可以引入专业团队和先进技术，提升地域文化传播的专业性和技术水平，进一步地提高文化传播的质量。

地域文化的产业化发展能够催生出新的文化产业形态和商业模式。地域文化具有丰富的内容和多样的形式，可以与其他产业进行深度融合，形成独具特色的文化产业链。例如，既可以将地域文化与旅游业结合，开发文化旅游线路和产品；也可以将地域文化与创意设计结合，打造具有地方特色的文化创意产品；还可以将地域文化与影视娱乐结合，推出以地域文化为题材的影视作品等。这些新的文化产业形态和商业模式不仅有助于推动地域文化的传播和发展，还能为地方经济带来新的增长点。

地域文化的产业化发展有助于促进地方经济的多元化发展。通过发展文化产业，可以吸引更多的投资和人才，推动地方经济转型升级。同时，文化产业的发展还可以带动相关产业的发展，形成产业联动效应，进一步地提升地方经济的整体竞争力。

地域文化传播与相关产业的深度融合具有巨大的产业化发展潜力。通过推动地域文化的产业化发展，不仅可以提升文化传播的效益和质量，还能催生出新的文化产业形态和商业模式，为地方经济发展注入新的活力。因此，我们应该积极探索和实践地域文化的产业化发展路径，推动地域文化的传承与创新，实现文化与经济的双赢发展。

第三节 媒介融合与地域文化传播的未来展望

随着科技的飞速进步，尤其是 5G、物联网、人工智能等前沿技术的迅猛发展，媒介融合正步入一个全新的阶段。这些技术的广泛应用，不仅为我们的生活带来了翻天覆地的变化，更引领着地域文化传播进入一个崭新的篇章。

一、技术革新引领地域文化传播新篇章

首先，5G 技术的普及为地域文化传播提供了前所未有的高速和低延迟的传输条件。在 5G 网络支撑下，地域文化的各类音视频内容可以实现更加流畅、高清地传输，为受众带来更加震撼的视听体验。无论是山川河流的壮丽景色，还是民族风情的独特展现，都能通过 5G 网络实时、生动地传递给受众，让他们仿佛置身其中，感受到地域文化的深厚底蕴。其次，物联网技术的融入使得地域文化传播的触角延伸到更广泛的领域。通过物联网技术，我们可以将地域文化的各种元素与智能设备相连接，实现智能化、自动化的传播。例如，通过智能导览系统，游客可以在参观博物馆、历史遗迹时，获得更加详细、个性化的信息解读；通过智能家居设备，人们在家中就可以享受到地域文化的熏陶和体验。

人工智能技术的应用为地域文化传播提供了更加智能、精准的服务。通过大数据分析，我们可以深入了解受众的兴趣、偏好和需求，从而为他们提供个性化的地域文化内容推荐。同时，人工智能还可以协助我们进行内容创作和编辑，提升地域文化传播的质量和效率。例如，智能语音交互系统可以实现与受众的实时对话，解答关于地域文化的问题；智能推荐系统可以根据受众的历史行为和喜好，为他们推送相关的地域文化内容。此外，VR 和 AR 技术的结合更是为地域文化传播带来了革命性的变革。通过这些技术，我们可以创建出逼真的虚拟环境，让受众身临其境地体验地域文化的魅力。无论是漫步在古色古香的古镇街头，还是置身于异域风情的民族村寨，受众都能通过 VR 技术获得沉浸式的体验，从而更加深入地了解和感受地域文化的独特魅力。

技术革新正引领着地域文化传播进入一个全新的时代。通过 5G、物联网、人工智能等技术的广泛应用，我们可以为受众提供更加高效、智能、个性化的

地域文化传播服务，让地域文化的魅力得以更加充分地展现和传承。

二、传播模式创新促进地域文化多元表达

未来的媒介融合将处于一个注重创新、多元和包容的时代，尤其体现在地域文化的传播模式上。传统的线性传播模式虽然具有稳定性和可靠性，但在日益复杂多变的媒介环境中，显然已经不能满足地域文化多元、立体传播的需求。因此，探索并实践新的传播模式，成为推动地域文化传播创新发展的关键所在。

社交媒介传播以高度的互动性和广泛的参与度，成为地域文化传播的重要阵地。通过微博、微信、抖音等社交平台，地域文化可以以图文、短视频等多种形式呈现，吸引大量用户的关注和转发。同时，社交媒介的即时性和话题性，使得地域文化的传播能够迅速形成热点，引发广泛的讨论和关注。

短视频传播以短小精悍、内容丰富的特点，成为地域文化传播的新宠。通过短视频平台，地域文化的独特风情、历史底蕴、人文景观等都可以得到充分的展示。同时，短视频的碎片化观看方式也符合现代人的习惯，使得地域文化传播更加高效和便捷。

直播互动传播为地域文化传播注入了新的活力。通过直播平台，受众可以实时观看地域文化的各种活动、表演和展览，与主播进行互动交流，获得更加真实、生动的体验。这种传播模式不仅拉近了受众与地域文化的距离，还增强了受众的参与感和归属感。这些新的传播模式不仅为地域文化传播提供了更加丰富的表达方式和传播渠道，还有助于地域文化在多元化的媒介环境中脱颖而出。它们能够突破地域限制，让地域文化在全球范围内得到传播和认同。同时，能够满足不同受众群体的需求和喜好，实现地域文化的精准传播和有效覆盖。

传播模式创新是推动地域文化传播发展的重要动力。通过探索和实践新的传播模式，我们可以让地域文化在多元化的媒介环境中焕发出更加绚丽的光彩，实现其价值的最大化。

三、受众体验提升增强地域文化认同感

提升受众体验是未来媒介融合与地域文化传播不可或缺的重要方向。在数字化、智能化的媒介环境下，受众对于传播内容的接收方式和体验要求也在不断提升。因此，通过优化界面设计、提高内容质量、加强互动反馈等措施，为

受众提供更加丰富、便捷、个性化的地域文化传播服务，成为推动地域文化传承和发展的重要途径。

界面设计的优化是提升受众体验的基础。一个清晰、美观、易用的界面能够吸引受众的注意力，提高他们使用媒介的意愿和频率。在地域文化传播中，可以通过采用符合地域特色的视觉元素、色彩搭配和排版方式，打造出独具魅力的界面风格，让受众在浏览、搜索、观看等操作中获得更加舒适、自然的视觉体验。

内容质量的提高是提升受众体验的核心。地域文化内容需要兼具真实性、丰富性和趣味性，才能吸引受众的关注和喜爱。因此，在媒介融合过程中，需要注重地域文化内容的挖掘和整理，筛选出具有代表性、独特性的文化元素和故事，通过专业的制作和呈现方式，让受众在欣赏、学习过程中感受到地域文化的魅力和价值。

互动反馈的加强也是提升受众体验的重要手段。通过引入互动元素，如评论、点赞、分享等社交功能，可以让受众在接收地域文化信息的同时，表达自己的看法和感受，与其他受众进行交流和分享。这种互动式的传播方式不仅有助于增强受众的参与感和归属感，还能够让地域文化传播者更好地了解受众的需求和反馈，进一步地优化传播策略和内容。

通过提升受众体验，我们可以让受众在享受地域文化传播服务过程中获得更加愉悦、舒适的体验，从而增强他们对地域文化的认同感和归属感。这种认同感和归属感的提升，将进一步地推动受众成为地域文化传承和发展的积极参与者和推动者，为地域文化的繁荣和发展注入新的活力。

提升受众体验是媒介融合与地域文化传播的重要方向之一。通过优化界面设计、提高内容质量、加强互动反馈等措施，我们可以为受众提供更加优质、个性化的地域文化传播服务，让他们感受到地域文化的独特魅力和价值，从而推动地域文化的传承和发展。

四、全球化趋势拓展地域文化传播空间

全球化趋势的深入发展，为地域文化传播提供了前所未有的广阔空间和机遇。在这一背景下，地域文化不再局限于特定的地域范围，而是有了走向世界的可能。全球化趋势不仅促进了不同文化之间的交流和融合，更为地域文化提

供了一个展示自身独特魅力的国际舞台。

全球化趋势加速了不同文化之间的交流和融合。随着国际交流的日益频繁和深入，不同文化之间的界限逐渐模糊，相互之间的理解和尊重也在不断增强。这为地域文化提供了一个展示自身特色、与其他文化进行对话和交流的宝贵机会。通过参与国际文化展览、艺术节等活动，地域文化可以与其他文化进行直接对话和交流，吸收并借鉴其他文化的优秀元素，丰富自身内涵。

全球化趋势为地域文化走向世界提供了有力支持。在全球化大背景下，媒介融合发挥着重要的桥梁和纽带作用。通过跨国合作、文化交流等方式，地域文化可以跨越国界，实现更加广泛和深入的传播。一方面，跨国合作可以帮助地域文化更好地融入国际文化市场，提高其在国际上的知名度和影响力；另一方面，文化交流为地域文化提供了与其他文化进行深度互动和合作的机会，推动其在全球范围内的传播和共享。

全球化趋势还为地域文化传播带来了更多的创新手段和渠道。随着数字技术和互联网的快速发展，地域文化传播可以通过互联网、社交媒介等渠道实现快速传播和广泛覆盖。这些新兴的传播手段不仅提高了地域文化传播的效率和效果，还为其带来了更多的创新可能。例如，通过 VR 技术，受众可以身临其境地体验地域文化的魅力；通过大数据分析，地域文化传播者可以更加精准地了解受众需求，制定更加有效的传播策略。

全球化趋势为地域文化传播带来了更加广阔的空间和机遇。通过加强与其他文化的交流和融合、利用媒介融合的桥梁和纽带作用以及探索创新手段和渠道等方式，地域文化可以更好地走向世界舞台，展示其独特魅力和价值。这不仅有助于提升地域文化的国际影响力，也将为推动全球文化的多样性和繁荣作出积极贡献。

第七章　媒介融合与地域文化传播案例分析

案例一　地方广播电视台的地域文化传播实践

一、内容策划与创新

地方电视节目作为地域文化传播的重要载体，在内容策划与创新方面展现出独特的魅力和成效。他们深入挖掘并整合当地丰富的地域文化资源，通过精心策划和制作，将这些资源转化为高质量的电视节目，从而有效地传播了地域文化，增强了观众的认同感和归属感。

在内容策划方面，地方电视节目充分发挥地域优势，对当地的历史文化、民俗风情、自然景观等进行了深入的挖掘和整理。他们通过走访当地的历史遗迹、采访民间艺人、拍摄自然风光等方式，收集了大量珍贵的第一手资料。然后，他们根据这些资料的特点和观众的喜好，进行有针对性的策划和编排，打造出一系列具有地域特色的电视节目。

在内容创新方面，地方电视节目也进行了积极的探索和尝试。他们运用新的拍摄手法、叙事方式等，使节目更加生动、有趣，符合现代观众的审美需求。例如，他们采用了高清摄像技术，使画面更加清晰、细腻；同时，他们还引入了无人机航拍、虚拟现实等先进技术，为观众带来了全新的视觉体验。在叙事方式上，地方电视节目也注重创新，采用了多种叙事手法，如故事化叙事、情感化叙事等，使节目更加引人入胜，让观众在欣赏节目的同时，也能深入了解和感受到地域文化的魅力。

通过这些内容策划与创新的实践，地方电视节目成功地打造了一批具有地域特色、文化内涵丰富、传播效果显著的电视节目。这些节目不仅让观众领略到当地独特的文化风貌和自然景观，也增强了他们对地域文化的认同感和自豪感。同时，这些节目也为地方电视节目赢得了良好的口碑和收视率，进一步地提升了其在地域文化传播领域的影响力。

地方电视节目在地域文化传播实践中注重内容策划与创新，通过深入挖掘和整合当地地域文化资源、运用新的拍摄手法和叙事方式等创新手段，打造出具有吸引力和传播力的电视节目。这些节目有效地传播了地域文化，增强了观众的认同感和归属感，也为地方电视节目赢得了良好的社会效益和经济效益。

二、跨媒介传播策略

地方电视节目在地域文化传播实践中，不仅注重内容策划与创新，还积极探索跨媒介传播策略，以拓宽传播渠道，增强传播效果。他们深刻地认识到，在新媒介时代，单一的传播方式已经无法满足观众多样化的需求，因此，跨媒介传播成为提升节目影响力和吸引力的重要途径。

在跨媒介传播策略的实施中，地方电视节目首先与新媒介平台建立了紧密的合作关系。他们通过与社交媒介、视频网站等平台的合作，对电视节目内容进行二次创作和加工，以适应新媒介平台的传播特点。例如，将电视节目中的精彩片段剪辑成短视频，配以简洁明了的文字说明和吸引人的标题，发布在抖音、快手等短视频平台上。这种形式的内容不仅易于被观众接受和分享，还能迅速引发观众的关注和讨论。此外，地方电视节目还利用新媒介平台的互动性和社交性，增强与观众的互动和交流。他们通过在社交媒介平台上发布话题讨论、开展观众投票、征集观众意见等方式，吸引观众参与节目的创作和传播过程。这种互动式的传播方式不仅提高了观众的参与感和归属感，还使得节目内容更加贴近观众的需求和喜好。

跨媒介传播策略的实施，为地方电视节目带来了显著的效果。一方面，通过新媒介平台的推广，电视节目的传播范围得到了极大的拓展，不仅覆盖了更多的地域和人群，还吸引了大量年轻观众的关注和喜爱。另一方面，跨媒介传播也提升了节目的知名度和影响力，使得地方电视节目在地域文化传播领域中的地位更加稳固。

地方电视节目通过积极探索跨媒介传播策略，成功地将电视节目与新媒介平台相结合，实现了内容的跨平台传播。这种策略不仅扩大了节目的传播范围，吸引了更多年轻观众的关注，还提升了节目的知名度和影响力。未来，地方电视节目应继续深化跨媒介传播策略的探索和实践，以更好地满足观众多样化的需求，推动地域文化的广泛传播和深入发展。

三、互动和参与性提升

地方电视节目在地域文化传播过程中，非常注重提升观众的互动和参与性，通过一系列精心设计的互动环节和活动，让观众更加深入地参与到节目中，从而增强他们对地域文化的认同感和归属感。

在节目中设置观众投票环节是一种常见的互动方式。地方电视节目会针对节目中介绍的地域文化内容，设计相关的投票题目，让观众通过短信、网络等方式参与投票，选择自己最喜欢的文化元素或节目内容。这种投票方式不仅能让观众表达自己的喜好和观点，还能让电视台更加了解观众的喜好和需求，为后续的节目策划提供参考。

评论互动也是地方电视节目提升观众参与性的重要手段。在节目播出过程中或播出后，观众可以通过电视台的官方网站、社交媒介平台等渠道发表自己的评论和看法。电视台会及时回应观众的评论，与观众进行互动交流，这种互动方式不仅能够增强观众的参与感和归属感，还能为节目提供宝贵的反馈和建议。

线上问答也是地方电视节目提升观众互动和参与性的有效方式。电视台会在节目中设置一些问题，让观众通过网络平台进行回答，答对者有机会获得奖品或参与后续的节目录制。这种问答方式既能够增加节目的趣味性和互动性，又能够让观众更加深入地了解地域文化的相关知识。

除了线上互动外，地方电视节目还积极举办线下活动，进一步地拉近与观众的距离。例如，组织观众参加地域文化体验活动、举办主题展览、开展公益项目等，让观众能够亲身感受地域文化的魅力，参与到地域文化的传承和保护中。这些线下活动不仅能够增强观众的参与感和体验感，还能为地域文化的传播和推广提供有力的支持。

通过这些互动和参与性提升的措施，地方电视节目成功地拉近了与观众的距离，让观众更加深入地参与到地域文化传播过程中。这种互动式的传播方式不仅增强了观众对地域文化的认同感和归属感，还使得地域文化的传播更加深入人心，取得了良好的效果。

四、品牌建设与影响力提升

地方电视节目在地域文化传播实践中，将品牌建设与影响力提升作为核心战略，通过一系列精心策划和实施的活动，成功地塑造了具有地方特色的节目品牌，并显著地提升了其在地域文化传播领域的影响力。

地方电视节目注重打造具有地方特色的节目品牌。他们深入挖掘当地的历史文化、自然景观等独特资源，结合现代传媒技术，打造出一批具有浓郁地方特色的电视节目。这些节目不仅展示了当地独特的文化魅力，也提升了地方电视节目的品牌形象。同时，地方电视节目还通过优化节目编排、提高制作质量等方式，不断提升节目的知名度和美誉度，吸引更多观众关注和喜爱。

地方电视节目积极与其他媒介、机构等合作，共同推广地域文化。他们与当地的报纸、广播、新媒介等媒介形成联动，通过资源共享、互相宣传等方式，共同推广地域文化。此外，他们还积极与旅游机构、文化机构等合作，开展文化旅游、文化展览等活动，将地域文化融入各种形式的活动中，让更多的人了解和接受地域文化。

通过这些努力，地方电视节目在地域文化传播中发挥了重要作用。不仅让观众了解了当地的历史文化、民俗风情等，也增强了观众对地域文化的认同感和自豪感。同时，地方电视节目的品牌形象和影响力也得到了显著提升，成为当地文化传播的重要窗口和平台。

地方电视节目通过打造具有地方特色的节目品牌、积极与其他媒介和机构合作等方式，成功地提升了其在地域文化传播中的影响力。这些努力不仅有助于推动当地文化的传承和发展，也为地方电视节目自身的发展注入了新的活力和动力。

地方电视节目在地域文化传播实践中注重内容策划与创新、跨媒介传播策略、互动和参与性提升以及品牌建设与影响力提升等方面的工作。这些实践不仅有助于提升地域文化的传播效果和影响力，还为其他媒介和机构提供了有益的借鉴与参考。

案例二 社交媒介在地域文化传播中的应用

一、社交媒介平台的选择与利用

社交媒介在地域文化传播中的应用愈发广泛，地域文化传播者通过精心选择适合的社交媒介平台并充分利用其特点，实现了地域文化的快速、高效传播。以下是关于社交媒介平台选择与利用的具体内容。

1. 社交媒介平台的选择

地域文化传播者在选择社交媒介平台时，会充分考虑平台的用户基数、活跃度、传播速度以及受众特点等多个维度。

（1）用户基数与活跃度。地域文化传播者倾向于选择用户基数大、活跃度高的平台，如微博、微信、抖音等。这些平台拥有庞大的用户群体，且用户活跃度较高，有助于地域文化内容快速触达大量受众。

（2）传播速度与影响力。地域文化传播者还会考虑平台的传播速度和影响力。例如，抖音以短视频形式快速传播信息，适合呈现地域文化的视觉元素；而微博则以广泛的社交属性和话题讨论功能传播信息，有助于地域文化话题的扩散和深入讨论。

（3）受众特点与匹配度。地域文化传播者会深入分析目标受众的年龄、兴趣、地域分布等特点，选择与之匹配的社交媒介平台。例如，针对年轻受众，可以选择抖音、快手等短视频平台；而针对中老年受众，则可以选择微信、今日头条等平台。

2. 社交媒介平台的利用

在选择了合适的社交媒介平台后，地域文化传播者会充分利用这些平台的各项功能，实现地域文化的有效传播。

（1）内容发布与推广。地域文化传播者会在社交媒介平台上发布与地域文化相关的图文、视频等内容，并通过平台的推荐算法和广告投放等方式，将内容推送给目标受众。同时，他们会利用平台的话题标签、转发分享等功能，引导受众参与讨论和传播。

（2）互动与反馈收集。社交媒介平台具有强大的互动功能，地域文化传播者可以通过发布话题讨论、发起投票、回复评论等方式，与受众进行实时互动，了解他们对地域文化的看法和感受。同时，他们可以通过收集和分析受众的反馈数据，优化传播策略和内容制作。

（3）合作与资源共享。地域文化传播者还会积极与其他媒介、机构或个人进行合作，共同推广地域文化。例如，他们可以与其他地域文化传播者进行跨平台合作，共同制作和推广地域文化内容；也可以与当地政府、旅游机构等合作，开展线上线下活动，吸引更多受众关注和参与。

社交媒介在地域文化传播中发挥了重要作用。地域文化传播者通过精心选择适合的社交媒介平台并充分利用其特点，实现了地域文化的快速、高效传播，提升了地域文化的知名度和影响力。

二、内容创意与呈现方式

在社交媒介平台上，地域文化传播的内容创意与呈现方式起着至关重要的作用。传播者需要运用多样化的形式和创意手法，将地域文化的独特魅力展现给广大用户，并吸引他们的关注和参与。

1. 内容创意

（1）故事化叙述。地域文化传播者通过讲述与地域文化相关的故事，将历史、传统、人物等元素融入其中，形成引人入胜的叙述。这种故事化的表达方式能够增强用户的代入感，使他们更加深入地了解和感受地域文化的魅力。

（2）情感化表达。传播者注重挖掘地域文化中蕴含的情感元素，通过温馨、感人、励志等情感化的表达方式，引发用户的共鸣和情感共振。这种情感化的表达能够拉近用户与地域文化的距离，增强他们对地域文化的认同感和归属感。

（3）创新元素融合。地域文化传播者善于将传统元素与现代元素相结合，创造出新颖、有趣的内容形式。例如，将传统手工艺与现代设计相结合，制作出具有时尚感的文创产品；或者将传统音乐与现代舞蹈相结合，呈现出独具特色的艺术表演。

2. 呈现方式

（1）短视频。利用短视频平台的流行性和便捷性，地域文化传播者可以制作短小精悍、内容丰富的短视频，展示地域文化的独特景观、风俗习惯、历史人物等。通过精心剪辑和配乐，使短视频更具观赏性和吸引力。

（2）直播互动。通过直播形式，地域文化传播者可以实时展示地域文化的活动现场、制作过程等，与用户进行实时互动。观众可以在直播中提问、留言，与主播进行互动交流，增强参与感和体验感。

（3）图文结合。图文结合的方式能够直观地展示地域文化的图片和文字信息，使用户更加清晰地了解地域文化的特点和内涵。传播者可以编写精美的文章，配以高清的图片或插画，形成图文并茂的呈现效果。

（4）VR 和 AR 技术。借助 VR 和 AR 技术，地域文化传播者可以为用户提供更加沉浸式的体验。通过 VR 和 AR 技术，用户可以身临其境地感受地域文化的场景和氛围，增强对地域文化的感知和理解。

3. 时效性与互动性

地域文化传播者还会结合热门话题、节日活动等时机，推出具有时效性和互动性的内容。例如，在传统节日期间，可以推出与节日相关的地域文化内容，吸引用户的关注和参与；或者结合当前热门话题，制作与之相关的地域文化短视频或文章，引发用户的讨论和分享。

地域文化传播者在社交媒介上需要注重内容创意与呈现方式的创新和多样性。通过故事化叙述、情感化表达和创新元素融合等方式，生动有趣地将地域文化的独特魅力展现出来；同时结合短视频、直播、图文结合等多种形式进行呈现，并利用时效性和互动性增强用户的参与感和体验感。

三、用户互动与社群建设

在社交媒介平台上，地域文化传播者深知用户互动与社群建设的重要性，因此会采取一系列措施来增强用户的参与感和归属感，形成稳定的传播受众群体。

1. 用户互动

（1）回复评论与私信。地域文化传播者会积极关注用户在社交媒介上的评论和私信，并尽快回复。这不仅能解决用户的疑问，还能增强用户与传播者之间的信任感和亲近感。

（2）发起话题讨论。传播者会定期或不定期地发起与地域文化相关的话题讨论，鼓励用户发表自己的观点和看法。这不仅能激发用户的参与热情，还能收集到更多关于地域文化的多元视角和见解。

（3）组织线上活动。为了进一步地增强用户的参与感，地域文化传播者还会组织各种线上活动，如线上问答、直播互动、文化知识竞赛等。这些活动不仅能增加用户的黏性，还能提升地域文化的传播效果。

2. 社群建设

（1）创建地域文化社群。在社交媒介平台上，地域文化传播者会创建与地域文化相关的社群或圈子，吸引具有共同兴趣的用户加入。这些社群成为用户交流、分享和学习地域文化的重要平台。

（2）社群规则与管理。为了维护社群的秩序和氛围，传播者会制定明确的社群规则，并设立管理团队进行日常管理。他们会及时处理违规行为，保障社群的正能量和健康发展。

（3）社群活动与内容分享。社群内会定期举办各种活动，如线上讲座、文化分享会、主题讨论等，为用户提供丰富的互动体验。同时，传播者还会在社群内分享优质的地域文化内容，满足用户的学习需求。

3. 跨平台合作与资源整合

地域文化传播者还会积极寻求与其他社交媒介平台、文化机构或个人的合作机会，进行资源整合和共享。通过跨平台合作，他们可以扩大地域文化的影响力，吸引更多潜在用户。同时，与其他文化机构的合作也能为地域文化传播提供更多专业支持和资源保障。

地域文化传播者在社交媒介上通过积极回复用户评论、发起话题讨论、组织线上活动等方式增强用户互动，同时通过创建地域文化社群、制定社群规则、举办社群活动等进行社群建设。这些措施有助于形成稳定的传播受众群体，提升地域文化的传播效果和社会影响力。

四、数据分析与效果评估

地域文化传播者在社交媒介上发布内容，其传播效果需要通过数据分析与效果评估来进行量化。这一环节不仅有助于传播者了解受众对地域文化的关注度和喜好程度，更能为调整传播策略提供有力的数据支持。

1. 关键指标监测

（1）阅读量。它是衡量内容传播广度的基础指标，反映了受众对地域文化内容的初步兴趣。传播者需要关注不同内容的阅读量差异，分析哪些话题或形式更受欢迎。

（2）点赞数。它代表了受众对内容的认可和喜爱程度。通过分析点赞数的变化趋势，传播者可以了解受众对地域文化的情感倾向。

（3）转发量。它是衡量内容传播深度和影响力的关键指标。高转发量意味着内容在社交媒介上的传播范围更广，能够触达更多潜在受众。

2. 受众行为分析

（1）受众构成。通过分析受众的年龄、性别、地域分布等特点，传播者可以更加精准地定位目标受众，制定更加有效的传播策略。

（2）互动行为。除了点赞和转发外，受众的评论、私信等互动行为也是宝贵的反馈。传播者需要关注这些互动内容，了解受众对地域文化的具体看法和建议。

3. 传播效果评估

（1）对比分析。通过对比不同时间段、不同内容形式或不同传播渠道的传播效果，传播者可以找出影响传播效果的关键因素，为优化传播策略提供依据。

（2）趋势预测。基于历史数据，传播者可以利用数据分析工具预测未来地域文化的传播趋势，为制定长期传播规划提供参考。

4. 数据驱动的策略调整

根据数据分析的结果，传播者需要灵活地调整传播策略。例如，对于阅读量较低的内容，可以尝试更换话题或改变呈现方式；对于受众反馈较好的内容，可以加大推广力度或进行深度挖掘。通过不断优化传播策略，提升地域文化在社交媒介上的传播效果。

数据分析与效果评估是地域文化传播在社交媒介上不可或缺的一环。通过关键指标监测、受众行为分析、传播效果评估以及数据驱动的策略调整，传播者可以更加精准地把握受众需求和市场动态，为地域文化的有效传播提供有力支持。

五、与其他传播渠道的协同作用

地域文化传播者在利用社交媒介进行传播的同时，也注重与其他传播渠道的协同作用，以形成传播合力，扩大地域文化的传播范围和影响力。

1. 跨平台内容推送

（1）与传统媒介合作。地域文化传播者会与报纸、广播电视等传统媒介建立合作关系，将社交媒介上的热门内容经过筛选和优化后，推送到这些传统媒介上。通过传统媒介的广泛覆盖和权威性，进一步地提升地域文化的知名度和影响力。

（2）官方网站与APP。传播者还会将社交媒介上的内容同步到官方网站或APP上，为用户提供更加全面、深入的地域文化信息。同时，官方网站和APP也可以作为社交媒介内容的补充和延伸，为用户提供更加丰富的互动体验。

2. 资源共享与互补

（1）内容资源共享。社交媒介与其他传播渠道之间可以实现内容资源的共享。例如，传播者可以将社交媒介上用户生成的内容整合到官方网站或传统媒介中，增加内容的多样性和丰富性。同时，传统媒介和官方网站的内容也可以为社交媒介提供素材和灵感。

（2）受众资源互补。不同传播渠道拥有不同的受众群体，通过协同作用可以实现受众资源互补。社交媒介具有年轻、活跃的用户群体，而传统媒介则拥有更加广泛和稳定的受众基础。通过跨平台传播，地域文化可以触达更多不同层次的受众，提升传播效果。

3. 品牌建设与形象塑造

（1）统一品牌形象。地域文化传播者在利用不同传播渠道进行传播时，需要保持品牌形象的一致性。通过统一的视觉识别系统、宣传口号和风格定位，强化受众对地域文化的认知度和认同感。

（2）协同宣传活动。为了增强品牌影响力和传播效果，地域文化传播者会组织跨平台的宣传活动。例如，在社交媒介上发起话题挑战或线上活动，同时结合传统媒介的报道和官方网站的推广，形成线上线下联动，提升活动的曝光度和参与度。

地域文化传播者在利用社交媒介进行传播的同时，需要注重与其他传播渠道的协同作用。通过跨平台内容推送、资源共享与互补以及品牌建设与形象塑造等措施，形成传播合力，扩大地域文化的传播范围和影响力。

社交媒介在地域文化传播中发挥着重要作用。通过选择合适的平台、制作优质内容、加强用户互动、利用数据分析以及与其他传播渠道的协同作用等策略，地域文化可以在社交媒介上实现高效传播和广泛影响。

案例三　跨媒介整合的地域文化传播策略

一、媒介形态与平台的整合

跨媒介整合在地域文化传播中发挥着至关重要的作用，它涉及传统媒介与新媒介的深度融合，旨在利用不同媒介形态和平台的优势，实现内容制作、发布和推广的协同作战。这一策略不仅能够拓宽地域文化的传播渠道，还能够提升传播的深度和广度，增强受众的互动和参与感。

传统媒介（如报纸、广播电视等）具有权威性和广泛覆盖的特点。地域文化传播者可以利用这些媒介发布深度报道、专题节目等，对地域文化进行详尽而深入的介绍和解读。通过报纸的文字描述、电视的视听冲击以及广播的音频传递，受众可以更加全面、直观地了解地域文化的内涵和特点。然而，传统媒介在互动性和时效性方面存在一定的局限性。因此，地域文化传播者需要借助新媒介平台（如社交媒介、移动应用、网络视频等）来弥补这一不足。通过在社交媒介上发布短视频、图文结合的内容，地域文化传播者可以迅速吸引用户的关注，并引导他们进行互动和讨论。同时，利用移动应用的便捷性和个性化推荐功能，可以更加精准地推送地域文化内容给目标受众。网络视频平台提供了更加生动、直观的展示方式，通过高清画质和丰富多样的表现形式，让受众更加深入地了解地域文化的魅力。

在跨媒介整合过程中，地域文化传播者需要注重不同媒介形态和平台之间的协同作战。例如，在电视节目介绍地域文化的同时，可以在社交媒介上发布相关短视频和图文，引导观众进行互动和讨论。同时，可以在移动应用上设置相关话题标签或活动页面，吸引更多用户参与进来。这种协同作战的方式不仅能够提升地域文化的传播效果，还能够增强受众的互动和参与感，进一步地提升他们对地域文化的认知和兴趣。

跨媒介整合的地域文化传播是一种多元化、协同化的传播方式。通过整合不同媒介形态和平台的优势资源，地域文化传播者可以更加全面、深入地展示地域文化的魅力，吸引更多受众关注和参与，为地域文化的传承和发展贡献力量。

二、传播内容的创新与优化

在跨媒介整合的地域文化传播策略中，传播内容的创新与优化显得尤为重要。地域文化传播者需要针对不同媒介形态和平台的特点，进行内容的精准定制和差异化呈现，以满足不同受众群体的需求和喜好。

针对社交媒介平台，地域文化传播者可以制作短视频、动态图像等轻松有趣、易于分享和传播的内容。短视频以短小精悍、内容精练的特点，能够在短时间内吸引用户的注意力并传递核心信息。通过精心策划和拍摄，地域文化传播者可以将地域文化的独特魅力以视觉化的方式呈现给受众，激发他们对地域文化的兴趣和好奇心。同时，动态图像、GIF等富媒介内容也可以增加内容的趣味性和互动性，提升用户在社交媒介上的参与度和黏性。

针对传统媒介，地域文化传播者可以制作深度报道、专题节目等具有深度和广度的内容。传统媒介以权威性和专业性在受众中拥有较高的信任度和影响力。通过深入挖掘地域文化的历史渊源、文化内涵和社会价值，地域文化传播者可以创作出富有深度和内涵的作品，为受众提供全面、深入地了解地域文化的机会。同时，结合电视、广播等媒介的视听特点，通过精美的画面、生动的音效和深情的解说，将地域文化的魅力展现得淋漓尽致，增强受众的感知和认同感。

地域文化传播者还需要注重内容的时效性和互动性。及时捕捉地域文化的新动态、新亮点，通过新媒介平台迅速传播给受众，满足他们对新鲜事物的追求。同时，通过设置话题讨论、征集用户故事等方式，鼓励受众参与内容的创作和分享，增强他们的归属感和参与感。

传播内容的创新与优化是跨媒介整合地域文化传播策略的关键环节。地域文化传播者需要根据不同媒介形态和平台的特点，制作适合各种传播渠道的内容，以多样化的形式展现地域文化的魅力，吸引更多受众的关注和喜爱。

三、用户参与和互动的提升

在跨媒介整合的地域文化传播策略中，用户参与和互动是至关重要的一环。地域文化传播者深知，只有让用户深度参与并与其产生互动，才能更有效地传播地域文化，增强用户的认知和情感联系。

通过社交媒介平台，地域文化传播者会积极发起各种话题讨论和投票评选活动。他们精心策划话题，引导用户围绕地域文化的不同方面展开讨论，分享自己的见解和体验。同时，投票评选活动不仅能让用户参与决策，更能激发他们对地域文化的兴趣和热情。这些互动环节不仅提高了用户的参与度，也为地域文化传播者提供了宝贵的用户反馈和意见，有助于他们不断优化传播策略。

线下活动也是提升用户参与和互动的重要途径。地域文化传播者会组织各种形式的文化体验活动，如文化展览、民俗表演、手工艺制作等，邀请用户亲身参与并体验地域文化的魅力。这些活动不仅能让用户更加直观地了解地域文化，更能增强他们的归属感和认同感，使他们成为地域文化的积极传播者。

地域文化传播者还会利用新媒介平台的互动功能，如直播、弹幕、评论等，与用户进行实时互动。他们会在直播中解答用户的疑问，与用户分享地域文化的趣事，甚至在弹幕和评论中与用户进行有趣的互动对话。这种实时互动不仅增加了用户的黏性，也提升了地域文化传播的效果。

跨媒介整合策略通过社交媒介的话题讨论、投票评选，线下活动的文化体验，以及新媒介平台的实时互动等方式，全方位地提升了用户的参与度和互动性。这不仅有助于地域文化的有效传播，也增强了用户与地域文化之间的情感联系，为地域文化的传承和发展奠定了坚实的基础。

四、数据分析与精准推送

在跨媒介整合的地域文化传播策略中，数据分析与精准推送发挥着至关重要的作用。通过深度挖掘和分析用户行为与喜好，地域文化传播者能够更精准地推送适合用户的内容和服务，从而提升传播效果和用户满意度。

地域文化传播者会利用数据分析工具对用户行为进行深入分析。通过追踪用户的浏览记录、点击行为、点赞和评论等数据，他们可以了解用户对地域文化的兴趣点和偏好。比如，某个用户可能更偏好观看关于地域风味的短视频，而另一个用户则更关注地域历史文化的深度报道。

基于这些用户行为数据，地域文化传播者可以进行精准的内容推送。他们可以根据用户的兴趣和需求，为其定制个性化的内容推荐。例如，对于喜欢地域风味的用户，可以推送相关的美食制作教程或餐饮推荐；对于关注历史文化的用户，可以推送相关的历史故事或文化解读。这种精准推送不仅提高了用户获取信息的效率，也增强了用户与地域文化之间的情感联系。

数据分析还有助于地域文化传播者优化传播策略。通过对用户行为的长期监测和分析，传播者可以了解哪些内容形式、传播渠道和互动方式更受用户欢迎，从而调整策略，以更好地满足用户需求。例如，如果发现用户在社交媒介上更倾向于观看短视频，那么传播者可以增加短视频的制作和发布频率，以满足用户的观看习惯。

数据分析与精准推送是跨媒介整合地域文化传播策略中不可或缺的一环。通过深度挖掘和分析用户数据，地域文化传播者能够更精准地推送适合用户的内容和服务，提升传播效果和用户满意度，为地域文化的广泛传播和深入发展打下坚实的基础。

五、品牌建设与影响力提升

跨媒介整合策略的最终目标，是构建地域文化的强大品牌，并进一步地提升其社会影响力和经济价值。通过整合不同媒介形态和平台，地域文化传播者能够全方位、多角度地展示地域文化的独特魅力，从而打造具有鲜明地方特色的文化品牌。

品牌建设是跨媒介整合策略的核心任务之一。地域文化传播者需要深入挖掘地域文化的内涵和特色，提炼出独特的文化元素和符号，形成具有辨识度的品牌形象。通过统一的视觉识别系统、宣传口号和风格定位，地域文化在不同媒介形态和平台上呈现出一致性和连贯性，增强了品牌的认知度和记忆度。

通过跨媒介整合策略，地域文化传播者能够提升地域文化的知名度和美誉度。不同媒介形态和平台具有不同的受众群体和传播特点，通过整合这些资源，地域文化能够触达更广泛的受众，提高其在社会中的知名度和影响力。同时，通过精心策划的内容制作和推广活动，地域文化的独特魅力和价值得以充分展现，进而提升其美誉度和认可度。

地域文化传播者还可以积极寻求与其他机构和企业的合作，共同推广地域文化。这种合作不仅可以扩大地域文化的传播范围，还能够吸引更多的资源和资金支持，推动地域文化的进一步发展。通过与旅游、文化创意、教育等领域的合作，地域文化可以实现产业化和商业化的转化，进一步地提升其社会影响力和经济价值。

跨媒介整合策略通过品牌建设、知名度提升和合作推广等方式，全方位地提升地域文化的社会影响力和经济价值。这不仅有助于地域文化的传承和发展，还能够为当地的经济社会发展注入新的动力和活力。

　　跨媒介整合的地域文化传播策略涉及媒介形态与平台的整合、传播内容的创新与优化、用户参与和互动的提升、数据分析与精准推送以及品牌建设与影响力提升等方面。这些策略有助于实现地域文化的高效传播和广泛影响，推动地域文化的传承和发展。

参考文献

［1］ 孙洪林，陈秀英，任延安.地方文献阅读推广新论［M］.北京：新华出版社，2022.

［2］ 宫承波.媒介融合概论［M］.3 版.北京：中国广播影视出版社，2021.

［3］ 周怡帆.全媒体视域下方言传播研究［M］.重庆：重庆大学出版社，2020.

［4］ 黄晓新，刘建华，卢剑锋.中国传媒融合创新研究报告：2018—2019［M］.北京：中国书籍出版社，2019.

［5］ 杜忠锋，李伶俐.云南传媒面向南亚东南亚国际传播战略研究［M］.昆明：云南人民出版社，2017.

［6］ 颜亚男.齐鲁文化视角下非遗纪录片的创作研究［D］.青岛：青岛大学，2023.

［7］ 包丽娜.媒介地理学视角下地域文化的媒介发掘现状与困境：基于云和县融媒体的实践［D］.杭州：浙江传媒学院，2023.

［8］ 田元.边界上的专业主义：转向数字平台的电视艺术生产文化及其反思［D］.北京：中国传媒大学，2022.

［9］ 耿新龙.城市文化传播视角下公共交通视觉形象设计研究：以长春为例［D］.长春：吉林建筑大学，2022.

［10］ 黄德庆.湖北省城市形象宣传片的地域文化传播研究［D］.恩施：湖北民族大学，2022.

［11］ 刘妍.短视频平台四川地域文化传播不平衡研究［D］.长春：东北师范大学，2022.

［12］ 陈莹馨.“信息触媒”下地域文化的动态展示策略研究［D］.上海：东华大学，2021.

［13］ 王媚娇.四川地域文化在纪录片中的影像化呈现研究［D］.成都:成都大学,2020.

［14］ 周怡帆.全媒体视域下方言传播研究［D］.太原:山西大学,2020.

［15］ 梁晓.自媒体语境下微纪录片对地域文化的传播影响研究［D］.桂林:广西师范大学,2020.

［16］ 陈成梅.具有地域特色的微纪录片叙事研究［D］.济南:山东师范大学,2020.

［17］ 田宇.媒介融合视域下电视产品的生产策略研究［D］.济南:山东师范大学,2020.

［18］ 宝阿咪丽.媒介融合背景下地域文化共同体的书写:基于四个民族地区县级融媒体中心的实地调研［D］.北京:中央民族大学,2020.

［19］ 王姗姗.地方传统文化全媒体呈现研究:以《重庆日报》"重走"系列为例［D］.重庆:西南政法大学,2019.

［20］ 于露.中原文化视阈下河南题材电视剧研究［D］.长沙:湖南师范大学,2018.

［21］ 黄金艳.媒介融合态势下当代大学生思想行为研究［D］.兰州:兰州大学,2017.

［22］ 焦眉.江苏影视产业与地域文化互动机理及优化调控［D］.徐州:江苏师范大学,2017.

［23］ 姜婷.媒介地理学视角下地域文化对景德镇媒介的影响与发展［D］.南宁:广西师范学院,2017.

［24］ 周钢.困境与裂变:省级党报集团融合发展战略研究［D］.武汉:华中科技大学,2016.

［25］ 陈曦.黑龙江地域文化纪录片对龙江文化发展的影响研究［D］.哈尔滨:哈尔滨师范大学,2016.

［26］ 武志泉.区域形象塑造与传播:山西题材纪录片对山西的地域形象传播研究［D］.天津:天津师范大学,2016.

［27］ 谢念.互联网背景下的区域传播力提升研究:以贵州省为例［D］.武汉:武汉大学,2015.

［28］ 李婧悦.地域性对年文化传播的影响:基于《新京报》和《南方都市报》的比较研究［D］.南昌:江西师范大学,2014.

［29］ 张媛.媒介、地理与认同:中国西南地区少数民族国家认同的形成与变迁

　　　［D］.杭州：浙江大学,2014.

［30］　杨喆.文化传播视野下广东文化的传承与嬗变研究［D］.武汉：武汉大学,2014.

［31］　余建清.我国区域传媒产业发展研究［D］.武汉：武汉大学,2009.